名家

齐白石·王雪涛·郭味蕖

卢炘 | 杨振宇
主编

中国美术学院艺术人文学院
中国书画名家馆联会
编

上海书画出版社

写在前面的话

范景中

《名家》是研究近代美术史的专题读本。然而要在这一领域做出成绩，殊为不易。因此不敢涉足。粗略想来，原因有三。

首先是陈援庵先生告诫的："今日宜造成为学问而学问，养成研究学问之风气。"又说："近代史太难作，史料散漫不集中，难作。"[1]先生大概是提醒我们，资料少了不易对付，资料多了其实更不易对付。因为它们散落各处，罕能周全，难以统摄贯穿。要在繁杂的文献中有以独举，就不得不运用奥卡姆剃刀 [Occam's Razor]，所谓的 *Frustra fit per plura quod potest fieri per pauciora*[以简御繁]，所谓的 *Entia non sunt multiplicanda praeter necessitatem*[避虚就实]，道理好像很简单，但施行起来，极不容易。此其一。

其次是陈寅恪先生的了解之同情："所谓真了解者，必神游冥想，与立说之古人，处于同一境界，而对于其持论所以不得不如是之苦心孤诣，表一种之同情，始能批评其学说之是非得失，而无隔阂肤廓之论。"[2]套用《文史通义》论文德的话："论古必恕，非宽容之谓……恕非宽容之谓者，能为古人设身而处地也。"[3]当代学者，大都生活于承平盛世，而所研究的近现代则是风云变幻的大时代，离我们虽近，但却情势迥殊。即当时之人，亦未必能得真解，何况我们未睹蒙尘枳道，未膺狼烟哀乱，笔下难有沧桑波澜，故同情之了解不易做到，同情之了解的理想境界更不容易达到。并且同情也不是移情，而是去建立一个合理的历史情境。此其二。

最后，我想引用内梅罗夫 [Howard Nemerov] 的诗 *To Clio, Muse of History* 的最后几句：

But tell us no more

Enchantments, Clio. History has given

And taken away; murders become memories,

And memories become the beautiful obligations:

As with a dream interpreted by one still sleeping,

The interpretation is only the next room of the dream.[4]

当事者的个体记忆必定会消失，被历史女神索回；而由他人建构和阐释的记忆，则能够变成 beautiful obligation；某种程度上，研究近现代艺术比研究古代艺术更容易编造美丽的枷锁。而抵挡这种“美丽”的诱惑，是研究者的责任，也是良心。此其三。

美术史是文科中最难产生杰作的领域，以其最难研究之故。而近现代美术尤为其难，既容易看朱成碧，又容易制造“美丽的”枷锁，更何况当代学风浇漓浮动，诪张繁兴。陈寅恪先生尝概括王静安先生的治学方法为：一曰取地下之实物与纸上之遗文互相释证，二曰取异族之故书与吾国之旧籍互相补证，三曰取外来之观念与固有之材料互相参证。[5]静安先生研究的是古史，我认为研究近现代美术史，“范围纵广，途径纵多，恐亦无以远出三类之外”。研究吴湖帆、黄宾虹需懂古代艺术；研究徐悲鸿、潘天寿需知外来观点；研究苏曼殊、弘一，需通异族典籍。顺手举几例，即可知研究近现代美术史之难也。今《名家》知难而上，兼容并蓄，旨在发扬近现代美术的研学风气，令人格外期待。稍述感悟，以作小引。

1　陈垣：《史源学实习及清代史学考证法》，北京：商务印书馆，2014 年，第 9 页，第 104 页。

2　陈寅恪著，陈美延编：《金明馆丛稿二编》，北京：生活·读书·新知三联书店，2001 年，第 279 页。

3　章学诚：《文史通义》，叶瑛校注本，北京：中华书局，2014 年，第 259 页。

4　*The Collected Poems of Howard Nemerov*, Chicago, 1979, p.237.

5　陈寅恪著，陈美延编：《金明馆丛稿二编》，北京：生活·读书·新知三联书店，2001 年，第 279 页。

寄 语

卢 炘

万物皆有因缘，出版本书亦有缘由。中国书画名家馆联会与中国美术学院艺术人文学院、上海书画出版社三家开启战略性合作，推出此本《名家》，定位于中国近现代书画名家研究，其名家作品之认定、学术研究水准之保障、选题编辑装潢之精良，共同努力毋容置疑。从高等美术学府、博物馆殿堂、首席美术出版社层面思考，面向美术爱好者，推介最优秀之名家大师，展示最新研究成果，播布美术，力行美育，开辟新境，任重道远。

书画艺术传统久远，古代经典灿烂无比，经近现代名家之传承创新而辉煌再现。从现代审美教育而言也变得更为直接，且势必冲破院校围墙，润泽全社会，而拍卖市场近现代名家佳作每每争抢，业绩翘楚已成不争之事实，亦为佐证。

我国众多名家馆于二十世纪八十年代大量涌现，书画名家馆联会诞生已越二十载。名家馆联会和各名家馆办展、著书，仅出版即已超百种名家图书，包括画集、书法集、印鉴、年鉴、传记、论文集、谈艺录、诗集、文集、文献集、全集等等。此类个案研究，弘扬民族优秀文化艺术，亦为美术史研究不断提供有力之支持。

《名家》之诞生，则开辟出另一个崭新的平台，让大众面对名家大师之艺术及人生，得以与专家学者交流互动。此平台遂以学术为支撑，以读者为上帝，力求以简练、准确、趣味之文字，精彩、高清之作品图像和最新研究发现和研究成果，靠自身之完美与不断改进，奉献给读者一份全新的读物，期待美术爱好者的青睐和市场的认可；从而达到宣传名家、弘扬传统、美育大众、和谐社会，共创有品质的美好生活！

让我们共同期盼新生幼苗茁壮成长，来日成为一棵枝叶繁茂的参天大树！

目 录

人物

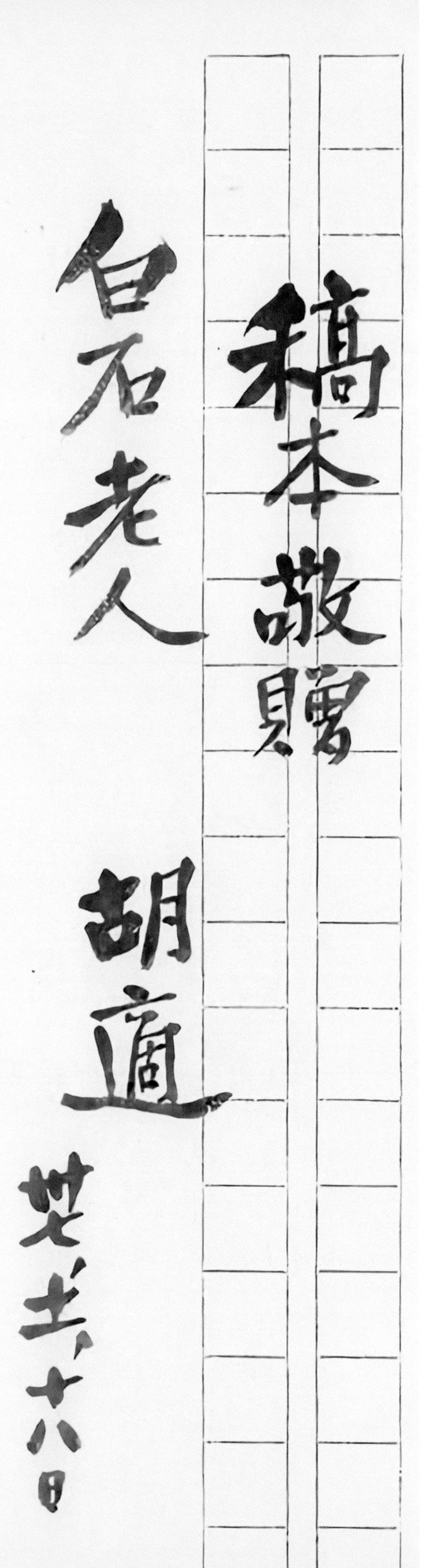

《曹大家》和《郑家诗婢》
——齐白石送胡适的两幅仕女画

郎绍君

《曹大家》和《郑家诗婢》是齐白石的作品，被胡适收藏。这两幅作品展示出了齐白石与胡适的相知与友谊。

胡适《齐白石年谱》初稿本（局部）

胡适照片

中国嘉德2011年春拍有两幅仕女画，原为著名学者胡适家藏。图录名之曰"读书女"，但齐白石描绘的并非一般的读书仕女，而是历史和历史传说人物：一为东汉著名女学者班昭，一为东汉著名经学家郑玄家婢女。其中侧面坐小儿凳读书者为班昭。班昭，东汉史学家班固之妹，嫁曹世叔，因博学多才，屡召入宫，任皇后及诸嫔妃教师，号为"曹大家"（"家"读gu，同"姑"）。《后汉书·皇后纪上·和熹邓皇后》："太后入宫掖，从曹大家受经书，兼天文、算术。"班固著《汉书》未竟，因事株连，死于狱中，其书稿"散乱莫能综理"，和帝下诏，令班昭校理续成。除续成《汉书》外，班昭还有传世文、赋16篇。北京文物公司藏《杂画册》有一页《曹大家读书像》（见《齐白石全集》第3卷第121页）作于庚午年（1930）十一月，着素衣，作侧面读书状，题："曹大家读书像，齐璜造本。"胡适所藏者，无论尺寸、构图、人物动态，几乎与此图完全相同，只是着红衣，题"庚午八月造"，故可以判断，此亦为曹大家读书像，且早于文物公司本三个月，可能是最初之造本。

另一幅，画侧梳发髻的丫环，坐桌前执

齐白石《曹大家》
私人藏

齐白石《郑家诗婢》
私人藏

笔作思考状。题曰：“曲栏杆外有吟声，风遇衣香细细生。旧梦有情偏记得，自称侬是郑康成。三百石印富翁题旧句。”刘义庆《世说新语·文学》记：“郑玄家奴婢皆读书。尝指一婢，不称旨，将挞之，方自陈说，使人曳著泥中。须臾，复有一婢来，问曰：‘胡为乎泥中？’答曰：‘薄言往愬，逢彼之怒。’”这个故事，是说郑玄的婢仆都能以诗句回答日常所问。后以“郑玄家婢”或“郑家诗婢”指称知书的婢仆。齐白石想象中的郑家婢女，是一位“衣香细细”、吟诗有声，且自称是“郑康成”的顽皮可爱的小姑娘，画面诗画互补，洋溢着轻快而浓厚的诗情。郑玄（127—200），字康成，东汉末年经学大师。博通古、今文经学，广注典籍，并精于天文历算。与孔安国并称“郑孔”，有“学如郑孔，文如屈宋班马，上触霄汉，与星月争辉”之誉。“郑家诗婢”的传说，以及齐白石绘《郑家诗婢》，从另一角度颂扬了郑玄的博学多才。

这两幅画怎样为胡适所收藏，未见确切的文字记载。但胡适和齐白石的交往，是有据可查的。1946年秋，86岁的白石老人请身为北大校长的胡适为他写传记，并亲自把传记素材送到胡适家中。胡适当时愉快地答应

《齐白石年谱》手稿内黎锦熙作的批注

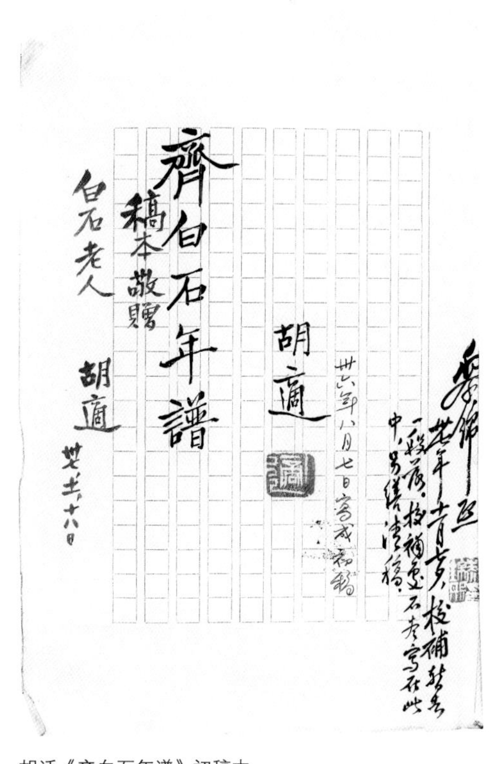

胡适《齐白石年谱》初稿本

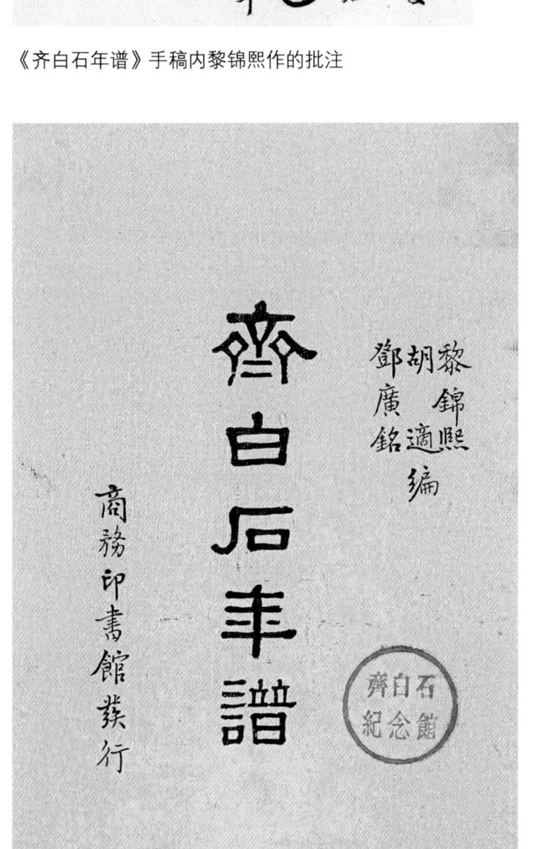

《齐白石年谱》手稿内页

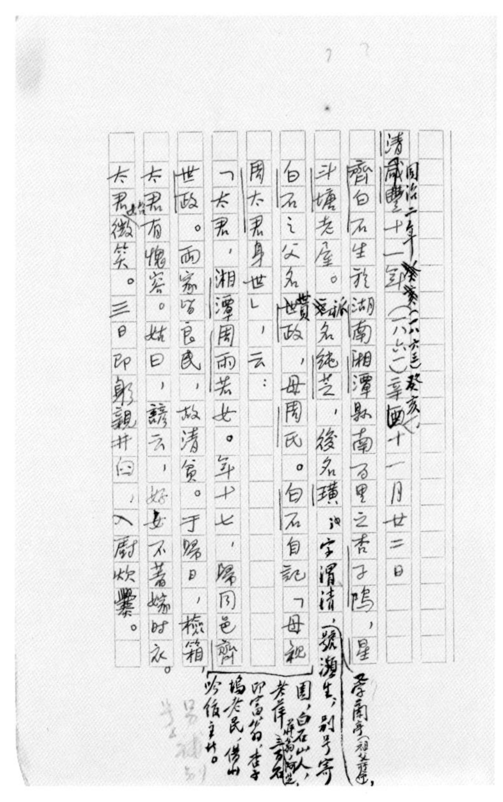

胡适、黎锦熙、邓广铭合编《齐白石年谱》商务印书馆1949年出版

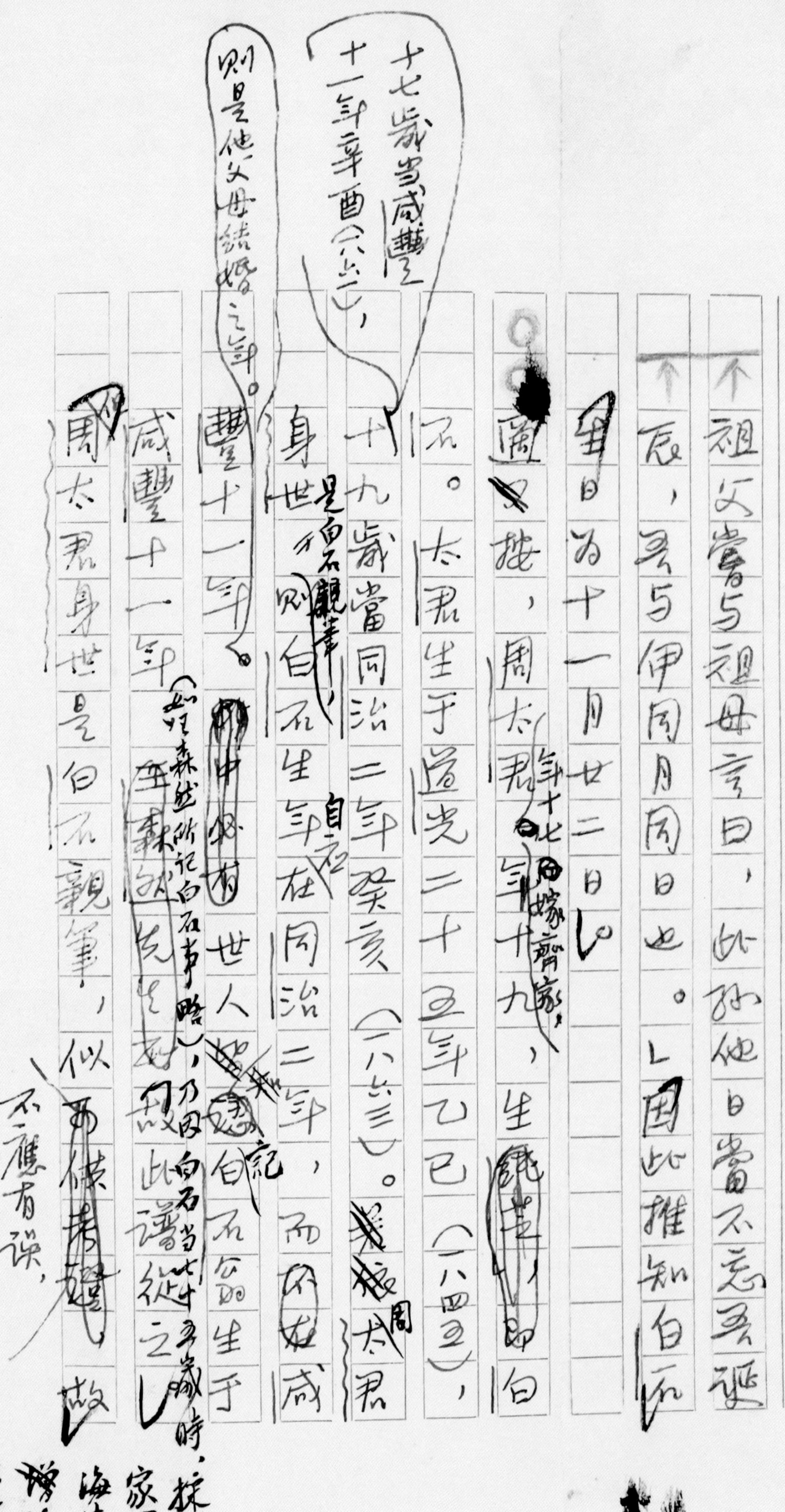

《齐白石年谱》手稿内页

了此事，但由于工作繁忙，一直到 1947 年 8 月暑假期间，才研究整理这些材料，编成《齐白石自述编年》。1948 年 6 月，胡适请刚刚从湖南返京的文字学家黎锦熙订补此书稿。黎锦熙的父亲黎松庵是齐白石的同乡挚友，黎锦熙与齐白石交往五十余年，对老人有深入的了解，他用半年时间，为年谱补订了很多材料。当年底，胡适又请善写传记的历史学家邓广铭再作订补，至 1949 年初，邓广铭完稿抄定，寄给已到台湾的胡适，三人又分别为年谱写了序跋，交上海商务印书馆出版。这部《齐白石年谱》虽仅三万多字，但材料翔实，纪述与考证一丝不苟，文字通达简练，堪称年谱的经典之作。而三位大学者在中国发生历史性巨变的动荡岁月里，为一位艺术大师作年谱这件事本身，亦堪称学术界和艺术界的一段奇缘善事。在年谱中，胡适热情称赞了齐白石的诗文“朴素真实”，说“朴实的真美最有力量，最能感动人”，说齐白石“没有做过八股文，也没有做过古文骈文，所以他的散文纪事，用的字，造的句，往往是旧式古文骈文的作者不敢做或不能做的！”我想，也许只有领导了“文学革命”的胡适，才会对白石老人的诗文做出这样大胆有力的评价。

齐白石何时将这幅作品赠与胡适的？我猜测，是在请胡适为他作传的 1946 年秋。把《曹大家》和《郑家诗婢》送与胡适，显然是白石老人的有意选择，赞美班昭和郑康成这两位古代学者，也就是暗示着赞美作为学界领袖人物的胡适。画面上没有上款和题赠文字，我想是因为两幅画乃旧作，已有款字与题诗，而小小的页面上，已难以再加题跋，而不作题跋反而能收到耐人寻味的含蓄效果。胡适十分珍视这份礼物，一直将它们悬挂家中。其后人提供给嘉德拍卖图录的一张照片，恰是胡适给客人介绍这两幅画的情景。这生动的图片以及图片中的两幅作品，无声地展示出齐白石与胡适——20 世纪两位大师的相知和友谊，凝结着这段充满温情、值得回忆和怀念的历史。

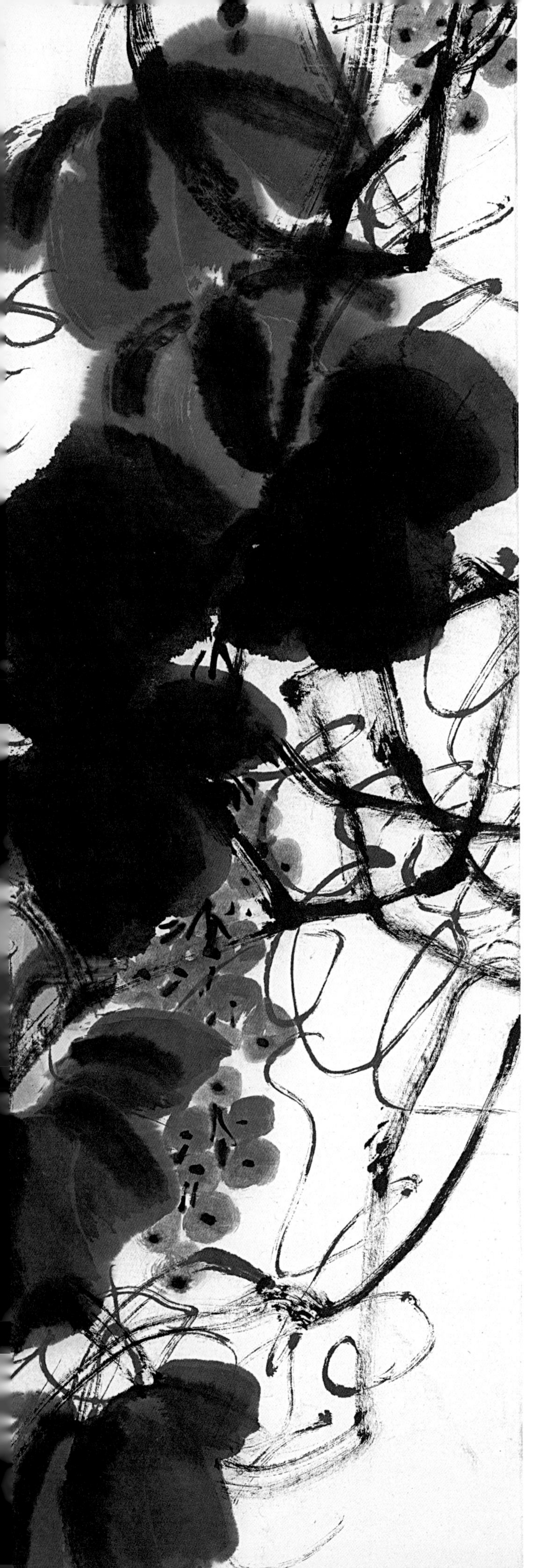

人物

齐白石与吴昌硕之间的“皮毛”问题

侯开嘉

吴昌硕和齐白石在近现代美术史上被称为“南吴北齐”，但他二人从未见面，这两位大师对各自的评价又是如何呢？得从一方印章谈起。

齐白石《紫葡萄图》（局部）
齐白石纪念馆藏

从“老夫也在皮毛类”谈起

吴昌硕与齐白石是近现代美术史上的两座重镇，有“南吴北齐”之称，又同有诗、书、画、印四绝之誉。吴昌硕生于1844年，享年84岁，齐白石生于1864四年，享年95岁；齐比吴小20岁，二人既是同时人，又是两辈人。现代研究吴、齐二人的文章可谓多矣。大家都说，齐白石在同时代人中最佩服的是吴昌硕先生，并引齐诗为证：“青藤雪个远凡胎，老缶衰年别有才。我欲九原为走狗，三家门下转轮来。”齐白石愿为吴昌硕门下“走狗”，真算得上对其佩服得五体投地了！另外，在庚申（1920）岁暮，77岁的吴昌硕曾为齐白石写“润格”。当时，吴已是公认的画坛领袖了，而此际的齐白石刚定居北京，尚未成名，卖画生涯十分落寞。甲子（1924）6月，吴昌硕81岁，为齐白石题《白石画集》（篆）扉页，后载于齐白石1932年出版的第一本画集上。吴能为齐写“润格”和题字，显然，他是在提携后辈。如此说来，吴是有恩于齐了。对于齐白石一生素有研究的胡佩衡曾谈道：“对他影响最大的画友是陈师曾，使他最崇拜而没有见过面的画家是吴昌硕。”[1]

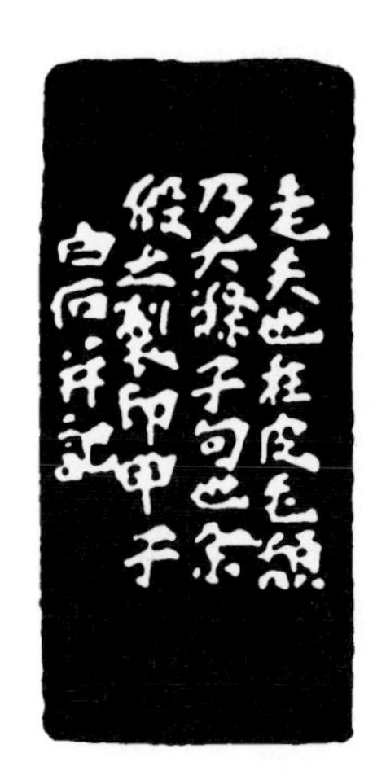

齐白石　老夫也在皮毛类

既然吴、齐从未见面，且种种迹象表明，齐对吴十分崇敬，那么，二人之间，其“怨”又何来之有呢？这得从齐白石刻的一方印章谈起。

启功先生早年曾向齐白石请益，是齐白石的学生。他在晚年的回忆文章《记齐白石先生轶事》中说道：“齐先生曾把石涛的‘老夫也在皮毛类’一句诗刻成印章，还加跋说明，是吴昌硕有一次说当时学他自己的一些皮毛就能成名。当然吴所说的并不会是专指齐先生，而齐先生也未必因此便多疑是指自己，我们可以理解，大约也和郑板桥刻‘青藤门下牛马走’印是同一自谦和服善吧！”[2]厚道的启功先生在文中虽然有淡化此事的意思，但还是把20世纪前期这段在画坛流传很广的往事大略地叙述出来了。

能较清楚记述这段往事的，在《百年画坛钩沉》一书中，著者为斯舜威。他在书中写道：“齐白石服膺吴昌硕，有诗为证：‘老缶衰年别有才。’吴昌硕则对齐白石有点不屑，晚年曾说：‘北方有人学我皮毛，竟成大名。’齐白石听了，知道‘北方人’暗指自己，于1924年刻了一枚印章‘老夫也在皮毛类’，边款：‘乃大涤子句也，余假之制印，甲子白石并记。’”[3]

以上所述，吴、齐之间，果然是有段恩怨史了。细想起来，这段恩怨还有些复杂。我们知道，齐白石出名是因1922年陈师曾把他的画带到日本去参加画展，并以善价卖掉全部作品。

这个画展是一个什么样性质的画展？为什么偏偏齐白石的画能走红？这与吴昌硕又有什么关系呢？吴昌硕不是提携过齐白石吗？他为什么要为齐白石写“润例”，而为什么齐白石出名了却要引起他的讥评？齐白石不是很崇拜吴昌硕，写诗“我欲九原为走狗”吗？这诗是什么时候写的，是被吴讥评后还是之前所写？他为什么用石涛诗句来回应“学我皮毛，竟成大名”的讥评，是“自谦和服善”还是不服？这段“恩怨”对齐白石“衰年变法”后的艺术发展有何影响？以上种种疑问，剪不断，理还乱，如同一团乱麻，要理清它的头绪，还得费一番工夫哩！

齐白石回应“皮毛”讥评的苦衷

新编《齐白石辞典》附《齐白石年表》称：1922年，齐白石“画作由陈师曾携往日本东京参加中日联合绘画展览，画界哗然，卖价丰厚，销售殆尽，至身誉鹊起”。《年表》为该书主编敖普安所编撰。其文称的“画界哗然”不知有何出处，但我认为在情理之中。因为去参加中日绘画联展的作者，必须是中国的著名画家才行，而齐白石那时在画界尚属无名。如他自己所述，当时卖画的价格“比同时一般画家的价码，便宜一半，而且很少人来问津，生涯落寞得很”[4]。他去参展，自然要引起画界的不满，以至舆论哗然。但因陈师曾声望很高，又是此展的主事者之一，旁人对他莫奈其何，只好由他竟自带上齐白石的作品去日本了。最终结果大出国人意外，齐白石居然成此展中最走红的画家。“至身誉鹊起”，主要是指齐画的市场反应，齐白石回忆道：“经过日本展览以后，外国人来北京买我画的很多，琉璃厂的古董鬼，知道我的画在外国人面前，卖得出大价，就纷纷求我的画，预备去做投机生意。一般附庸风雅的人，听说我的画能值钱，也都来请我画了。从此以后，我卖画生涯，一天比一天兴盛起来。”[5]齐画在商品市场上“身誉鹊起”，并不代表同时在画界也“身誉鹊起”，相反倒引起了不少同行的嫉妒与诽骂。齐白石未成名前，在官气十足的京派画坛中，大家主要是瞧不起齐白石出身低微和无科举的经历，认为齐画缺乏“书卷气”。齐出名以后，大家又主要攻击齐白石的作品是“匠画”“无所本”。如中国

齐白石《人骂我，我也骂人》

齐白石　行高于人，众必非之

齐白石　流俗之所轻也

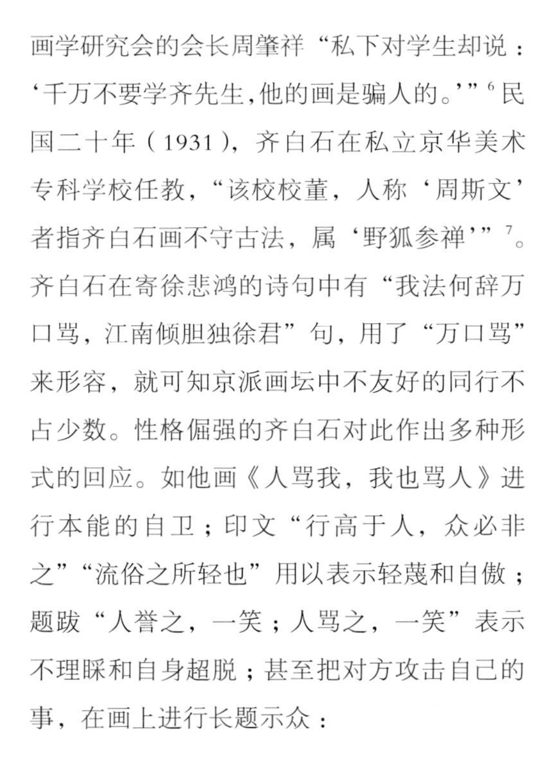

画学研究会的会长周肇祥“私下对学生却说：‘千万不要学齐先生,他的画是骗人的。’”[6]民国二十年（1931），齐白石在私立京华美术专科学校任教，“该校校董，人称‘周斯文’者指齐白石画不守古法，属‘野狐参禅’”[7]。齐白石在寄徐悲鸿的诗句中有“我法何辞万口骂，江南倾胆独徐君”句，用了“万口骂”来形容，就可知京派画坛中不友好的同行不占少数。性格倔强的齐白石对此作出多种形式的回应。如他画《人骂我，我也骂人》进行本能的自卫；印文“行高于人，众必非之”“流俗之所轻也”用以表示轻蔑和自傲；题跋“人誉之，一笑；人骂之，一笑”表示不理睬和自身超脱；甚至把对方攻击自己的事，在画上进行长题示众：

余友方叔章尝语余曰，吾侧耳窃闻，居京华之画家多嫉于君，或有称者，辞意必有贬损。余犹未信，近晤诸友人，面白余画极荒唐，余始信然。然与余无伤，百年后来者自有公论。

——题《芙蓉游鱼》（约20世纪20年代）

齐白石居然把这段公案题在自己的画作之上，留待后世，相信历史会作出公正评价，表示出超常的自信心。更有甚者，齐白石对画界一些暗中的排挤，也不能容忍，也要作出公开的表示。如，黄苗子说：“北平画界的两个集团——‘中国画学研究会’和‘湖社’，各立门户。那时在北平的画家，‘不归杨则归墨’，总得依靠一个‘画会’才能成名立身，

否则在北平这个‘文化城’，是站不住的。”[8]齐白石一直都不是这两个画会的成员。在齐白石未成名前，不能加入画会，尚且能理解。在齐白石成名之后，仍不能加入画会，于情于理都说不过去了，况且这两个画会的主要成员还是齐白石的画友。齐白石实在憋不住内心的愤懑，就刻上“一切画会无能加入”的闲章盖在画上，把受到的这种隐形排挤公之于众。

唯独令齐白石不好直接回应，也不能直接回应的，便是吴昌硕所说“北方有人学我皮毛，竟成大名”的讥评。首先，吴昌硕是画坛公认的领袖，更是齐白石衷心敬佩的前辈；其次，吴昌硕是他恩人陈师曾的老师，齐白石也曾恳请拜于吴的门下，吴昌硕还有为齐白石写“润例”的抬举之恩。当齐白石听到吴昌硕的讥评，其内心感受如何，旁人只能猜测。说不定吴昌硕当时只是随便说说而已，但对齐白石而言，其所带来的却是铭心刻骨的伤痛，其感受想必超过画界任何一次对他的攻击。因为吴对齐的讥评散布很广，已被渲染，成为不少人诋毁齐白石绘画最有力的依据。对此齐白石又不能直接回应，但此事如鲠在喉，不得不吐。他便采取了曲折的、迂回的方式进行间接的答复。这里既可以看出齐白石良苦的用心，也反映了他不屈不挠、固执的性格。齐白石选择了清代大画家石涛的话来作为自己对“皮毛”讥评的回应。其比较明显的回应有三处。

印章“老夫也在皮毛类”

边款：“老夫也在皮毛类，乃大涤子句也。余假之制印。甲子，白石并记。”此印刻于1924年，齐

齐白石《花好酒好》
齐白石纪念馆藏

吴昌硕《菊石图》

齐白石　一切画会无能加入

白石在 20 世纪 20 年代中晚期到 30 年代的画作上多处盖有此印。

绘《芭蕉书屋图》[9]

创作年代约为 20 世纪 20 年代中期。图上方作长跋："三丈芭蕉一万株，人间此景却非无。立身误堕皮毛类，恨不移家老读书。大涤子呈石头画题云：书画名传品类高，先生高出众皮毛。老夫也在皮毛类，一笑题成迅彩毫。白石山翁画并题记。"前一首为齐白石自作诗，后一首抄石涛诗。通过两相对照，齐白石向人表达出这样的意思：连石涛都说他自己是"皮毛类"，我现在"误堕皮毛类"，与石涛情况相同，我又何必介意呢？

诗作《梦大涤子》

"皮毛袭取即工夫，习气文人未易除。不用人间偷窃法，大江南北只今无。"[10] 齐白石在这诗里叙述自己梦中还在与石涛交流"皮毛"问题，认为像我们这种袭取"皮毛"者是很要工夫的，因为不是用的"偷窃"式的模仿。如果说石涛都是"皮毛"，恐怕大江南北也找不出第二个这样"皮毛"的大画家了。齐白石这里是借石涛来申述自己的冤屈。因为吴昌硕说齐白石只学了他的皮毛，让齐白石百口莫辩。事实上，齐白石的确实学过吴昌硕的画，但绝不是简单地模仿皮毛。据胡佩衡回忆说："记得当时我看到他对着吴昌硕的作品，仔细玩味，之后，想了画，画了想，一稿可以画几张。画后并且征求朋友们的意见，有时要陈师曾和我说，究竟哪张好，好在哪里，哪张坏，坏在什么地方，甚至还讲出哪笔好，哪笔坏的道理来。这时齐白石已经是六十多岁的老人，这种艰苦认真钻研的精神，真是使我们深为钦佩！"[11] 通过胡佩衡亲睹齐白石学习吴昌硕的过程，使我们了解齐白石是从技术层面直到精神层面深入地学习吴昌硕的。如果硬是要说齐白石只学了"皮毛"，那么，这种"皮毛"却非浅层次的模仿，而是花了大工夫的！

另外，关于"皮毛"问题，在齐白石诗集中亦屡屡出现。如《题陈师曾画》"君我两个人，结交重相畏。胸中俱能事，不以皮毛贵"，《释瑞光临大涤子山水画幅求题》"长恨清湘不见余，是仙是怪是神狐。有时亦作皮毛客，无奈同侪不肯呼"，《天津美术馆来画征诗文，略先以古今可师不可师者，以示来者》第五首"造化天然熟写真，死拘皴法失形神。齿摇不得皮毛似，山水无言冷笑人"等，涉及"皮毛"的诗至少有七八首之多。由此可见，吴昌硕的"皮毛"的讥评，对齐白石的刺痛太深，

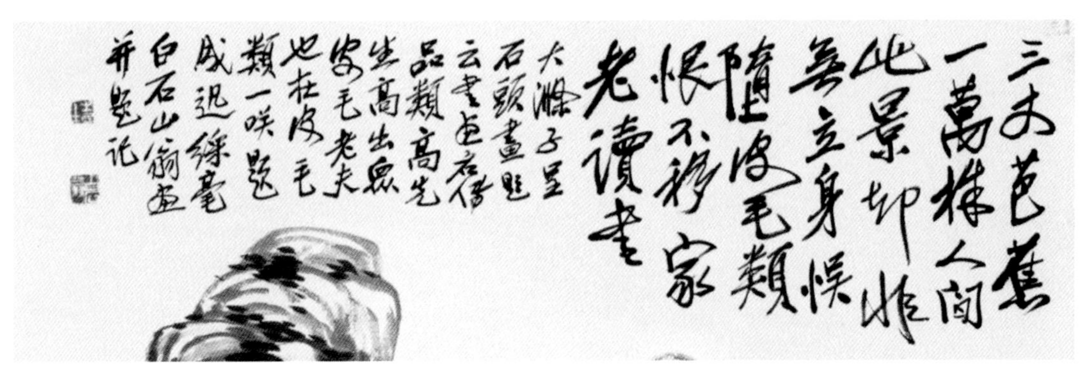

齐白石《芭蕉书屋图》长跋

真可谓深入了骨髓，方使齐白石久久不能释怀。至于齐白石为什么要选择石涛来作为对讥评的回应，他在与胡佩衡的一次私下谈话中，透露出了端倪。齐白石说："大涤子画山水，当时之大名作家不许可，其超群可见了。我今日也是如此！"[12] 齐白石认为自己与石涛遭遇十分相似：当时石涛为大名作家不许可，今日齐白石也为大名作家不许可。能配得上称今日大名作家者，齐白石心中恐怕是暗指吴昌硕了。

1 胡佩衡、胡橐著《齐白石画法与欣赏》，人民美术出版社，1990 年，第 2 页、第 38 页。

2 启功著《启功丛稿》，中华书局，1981 年，第 336 页。

3 斯舜威著《百年画坛钩沉》，东方出版中心，2008 年，第 15 页。

4 齐良迟主编《齐白石文集》，商务印书馆，2010 年，第 94 页。

5 齐良迟主编《齐白石文集》，商务印书馆，2010 年，第 97 页。

6 北京画院《二十世纪北京绘画史》，人民美术出版社，2007 年，第 25 至 50 页。

7 敖普安、李季琨主编《齐白石辞典》，中华书局，2004 年，第 39 页。

8 黄苗子著《画坛师友录》，生活·读书·新知三联书店，2007 年，第 59 页。

9 齐白石《芭蕉书屋图》，首都博物馆藏。见《齐白石艺术大展集萃》，首都博物馆编，北京出版社出版集团发行，2006 年，第 63 页。

10 齐白石著《齐白石诗集》，广西师范大学出版社，2009 年，第 196 页。

11 胡佩衡、胡橐著《齐白石画法与欣赏》，人民美术出版社，1990 年，第 22 页。

12 胡佩衡、胡橐著《齐白石画法与欣赏》，人民美术出版社，1990 年，第 92 页。

（因篇幅限制，本文有删减）

人物

新见齐白石致伊藤为雄信札考

朱万章

在既往的资料中，可知齐白石与日本藏家伊藤为雄交游的时间在1920年至1938年间。新发现的两通齐白石信札，则将其交游时间确定在1940年。在相关信札中，亦有齐白石作品定价，与其时书画家有一个直观的横向比较。据此亦可看出齐白石作品的接受与传播史。齐白石艺术在日本的推介与传播中，伊藤为雄是一个不可绕过的重要推手。

《齐白石致伊藤为雄信札》（局部），1940年9月4日
荣宝斋藏

伊藤为雄是20世纪上半叶活跃于中国的日本收藏家和书画经纪人。他大约于20世纪20年代初来到中国，先后供职于日本横滨正金银行北平支行、烟台支行和大连支行。在北京期间，伊藤为雄既是银行职员，又是书画收藏家和兼职书画经纪人。他周旋于北京的书画家之间，自己收藏书画，亦为日本藏家牵线搭桥，成为中国书画家和日本藏家的重要中间人。他和齐白石之间的交流与往还便是以此为基础建立起来的。

既往的齐白石与伊藤为雄交游史料

关于伊藤为雄与齐白石的交游事迹，在既往的文献记载中，并不多见。现在有据可查的是来自于樊增祥（1846—1931）的一首诗：

有宋影戏始阜宁，雕绘人物蒙以缯。偃师提挈歌且舞，日月不照光在灯（见吕惠卿对荆公语）。迄今七百有余载。泺南渭北制作精。圆颅方趾不可见，刚如翦贴纸一层。海邦晚出擅淫巧，以电摄影罗万形。登场恍疑游镜殿，事事物物俱有情。独惜欧美师郑卫，探腰杨柳唇接樱。东瀛有意整风俗，雅正力与奇衺争。中华字画有嗜癖，岁币百万收吴绫。酒喝诗狂齐白石，机声灯影林实馨。以二画师为导演，扬州八怪逞其能。画中有画影中影，风雅好事推伊藤。携林就齐商绘事，蛾眉并是高材生。齐也白鬓气郁勃，林也鬖发云鬅鬙。短布衣裁周伯况，敝袍纸补瘦兰成。时维九月暖寒平，东篱菊秀风日晴。两贤解衣势磅礴，溪藤端玉陈中庭。曹衣吴带风水别，粗文细沈神鬼惊。雍邱苏米接长案，一日宣笺百幅盈。画成美人恣题品，汝南月旦皆真评。自入门至评画止，神工意匠烦经营。一幅一画照药镜，一灯一影呈纱屏。一人一态无亵嫚，士则狂娟女则贞。影出蝉嫣过千尺，伊藤卷纸归东京。东人雅爱樊山笔。影中惜少画妃亭。

此诗最早刊发于《申报》，出现在署名为“绡”者所撰写的《志樊山先生之最后遗作》一文中。[1]诗中谈到伊藤为雄在北京为齐白石拍摄影片事。关于伊藤为雄在北京为齐白石拍摄电影的情况，在艾俊川的《齐白石“演电影”》[2]中有详细论及，吕晓的《齐白石两登美国〈时代〉周刊》[3]和张涛的《摩登老人——齐白石拍电影三记》[4]也有所涉。此外，伊藤为雄在中国的学术视野中出现，分别见于陆伟荣的《齐白石与近代中日联合绘画展览会——被介绍到日本的齐白石》[5]、朱万章的《齐白石艺术在日本的传播及其他》[6]、冯朝辉的《“不知者之有可知者否”——日本回流齐白石作品浅析》[7]、《古渡今归——说说日本的中国书画收藏》[8]、周蓉的《齐白石艺术与20世纪中日美术交流》[9]和郑雪峰的《成就千秋万世名，借山借到樊山笔——齐白石与樊增祥》[10]诸文中，在浅野泰之的博士论文《民国时期中日书法交流》中也有提及。[11]

至于齐白石与伊藤为雄交游轨迹的进一步探研，得益于近十余年来出现在拍卖行的齐白石致伊藤为雄信札。最早出现齐白石致伊藤为雄信札的是2011年11月14日北京的中国嘉德拍卖公司，该场共拍卖齐白石致伊藤为雄信札二十七通，同场拍卖的尚有齐白

齐白石赠予伊藤为雄的照片

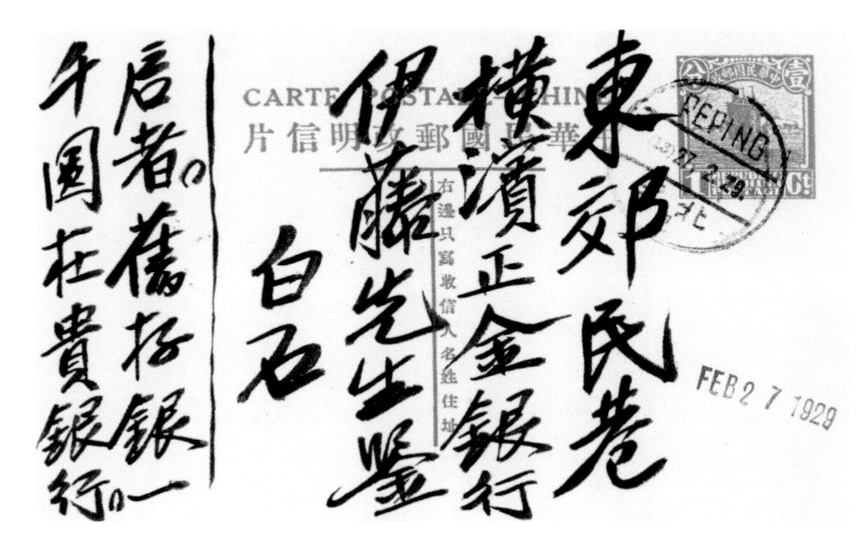

齐白石致伊藤为雄明信片，1929 年 2 月 27 日

石为伊藤为雄所刻的鸡血石对章和寿山石印章，其印文分别为“伊藤”“为雄”和“藏书斋”。[12] 在同年 11 月 19 日，佳士得（香港）拍卖会中，出现三十二通半齐白石致伊藤为雄信札。到了 2012 年 6 月 5 日，在北京的匡时拍卖中，出现齐白石致伊藤为雄信札三十通、明信片四张，这批信札几乎与佳士得（香港）拍卖的标的一致。到了 2019 年 7 月 5 日，在浙江南北拍卖有限公司的拍卖中，也出现齐白石致伊藤为雄信札二十七通，同场拍卖中还有齐白石赠伊藤为雄印谱一册，齐白石自题“伊藤仁弟雅存，齐璜持赠”，钤白文方印“木居士”，均为齐白石所刻印，印谱上印有“白石山翁刊印”字样。[13] 该批信札与前述中国嘉德拍卖的标的为同一批。据此可知，齐白石致伊藤为雄信札实为六十通左右。现在所见齐白石与伊藤为雄交游的文献资料，几乎都源自这批信札。在中国嘉德拍卖的信札中，有一张齐白石赠予伊藤为雄的照片，上有齐白石自题“伊藤仁弟乃余画事知己也，今欲之大连，来借山馆作别。余与相往还十又四年矣，赠此伤如之何。甲戌七月，小兄白石璜”，钤朱文方印“木人”。[14]“甲戌”即民国二十三年（1934），由“余与相往还十又四年矣”可推知，齐白石与伊藤为雄相往还的起点是民国九年（1920）。在这批信札中，有年款或有邮戳显示者，最早是 1929 年 2 月 27 日齐白石写给伊藤为雄的明信片，其书文曰：“东郊民巷横滨正金银行伊藤先生鉴，白石启者。旧存银一千圆在贵银行。”[15] 最晚是到 1938 年 9 月 9 日，齐白石致伊藤为雄信封，上书“芝罘（烟台）正金银行，伊藤（大名为雄）先生启”[16]。因而，从这批信札所显示的齐白石与伊藤为雄通信的明确时间最早可到 1929 年，最晚到 1938 年。

这批信札，大多为书画交易及一些生活杂事，几乎没有涉及艺术或学术话题。这些内容，归纳起来大致有以下几个方面：一是卖画、订画，既有伊藤为雄买齐白石画，又有为田中、草刹、加纳、柏年等人（多为日本人）代购齐白石画。买卖的书画中，主要以齐白石画为主，也包括齐白石好友或同时代其他人如陈半丁、金城、樊增祥和瑞光和尚等人书画；二是委托伊藤为雄办一些生活琐事，如代买锁、木屐、联系接生医生、代

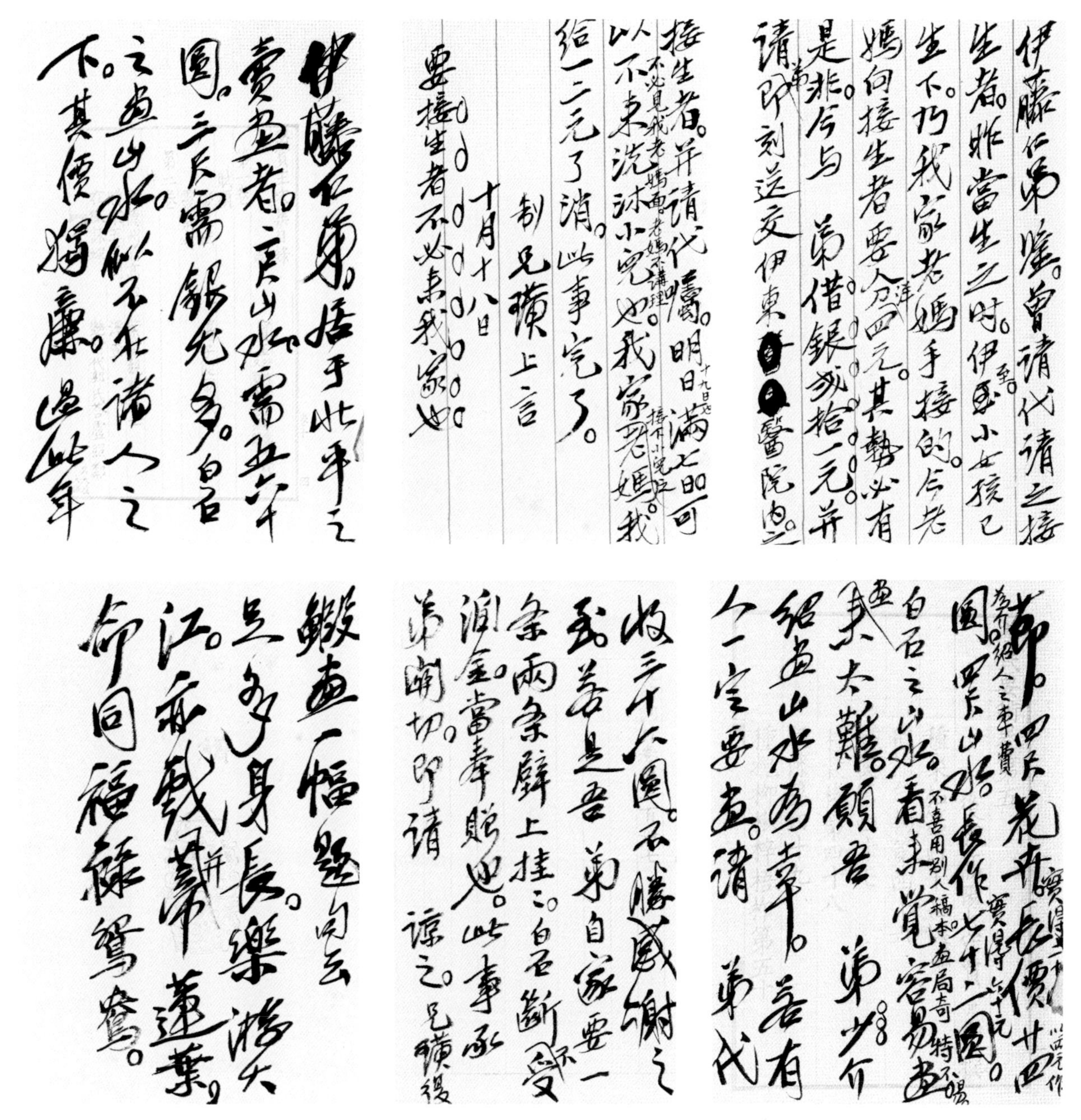
伊藤仁弟鉴。曾请代请之接生者。昨当生之时。伊藤小女孩已生下。仍我家老妈手接的。今老妈向接生者要洋四元。其势必有是非。今与弟借银洋拾一元。并请即刻送交伊东医院内

接生者。并请代嘱。明日满七日可以不来洗沐小儿也。我家老妈给一二元了消。此事完了。
制兄璜上言
十月十八日
要接生者不必来我家也。

伊藤仁弟足下。北平之画画者。三尺山水需五六百圆。三尺需银元多。白石之画山水。然不在诸人之下。其价得廉。过此年

拍卖行所见部分《齐白石致伊藤为雄信札》

为传话等；三是为伊藤为雄在琉璃厂购买的古画或已画做鉴定；四是礼尚往来的应酬，如赠其湖南所产之麻菌、请渡边餐聚而邀请伊藤为雄作陪等。但这些信件的核心内容归根结底还是鬻画。伊藤为雄所购或代订的齐白石绘画，以花卉草虫居多，山水极为少见，人物几乎没有。从这批信札，或可从一个侧面看出以伊藤为雄为中心的日本藏家对齐白石艺术的关注点。

有学者参考目前的传世画迹及信札，有的推断“齐白石与伊藤为雄的往来应是始于1927年，直至1937年抗日战争爆发”[17]，有的

则认为“齐白石与其日籍友人、‘画事知己’伊藤的通信主要往来于20世纪20年代末期至抗战前”[18]。从前述六十通信札及照片、明信片等附件亦可进一步推断，齐白石与伊藤为雄交游的时间始于1920年，到了1938年则戛然而止了。这是现有资料所推断的齐白石与伊藤为雄交游往还的准确时间。

新见齐白石致伊藤为雄信札时间考

最近在荣宝斋发现一组上款为伊藤为雄的信札，则至少可将齐白石和伊藤为雄交游的时间延续到20世纪40年代。荣宝斋所藏这批信札分别为齐白石致伊藤为雄两通，刘子暎致伊藤为雄一通和方洺致伊藤为雄一通。

齐白石致伊藤为雄第一通书写在荣宝斋印制的花笺上（印有“荣宝斋制”字样），其书文曰：

伊藤仁弟：

久不通音问，耿耿也。忽由福田君处送来吾弟一函，并代买小锁四。事过三年，吾弟犹能记得，真言而有信也。感谢感谢！即讯清宁！

齐璜顿首，九月四日。

钤朱文方印“木人”。

齐白石致伊藤为雄第二通信札书写在印有折枝花卉的花笺上，其书文曰：

伊藤仁弟：

去年承来函索画牛，今年正月始画成寄上，并多寄一张，请弟代售（将银代买日本巧锁）。至今两月余，不见弟复函。若未收到画二幅，请挂号复示，好向邮局交涉。

齐璜顿首，四月十九日。

两通信札均无年款，但与两通信札同一批的尚有刘子暎致伊藤为雄信札一通及实寄封一枚。刘子暎信札书写在十六开朱丝栏信笺上，其书文曰：

伊藤友兄如晤：

弟八月廿日邮去郑板桥八破一张及字条一张，想兄早收。兄如用何人字画，来信说明，弟一定代去。今有贵国屌内先生代去信一件，兄收信之后，给我一回信。你我好友不知何日见面一谈，我想去东京又无路费。别不多叙。友兄近日身体安好，阖家老幼平安。

中华民国廿九年九月二日，弟刘子暎手槭。

其中名款为朱文长方印。刘氏在信封上书：“敬求带至大日本东京正金银行面交伊藤为雄先生启，自北京地方法院法警室刘槭。”信封钤盖的收件时间是1940年9月13日。由信札内容及信封可知，1940年9月伊藤为雄已经回到日本东京的正金银行。此信是由日本人屈内先生带往东京“面交”伊藤为雄的。前述齐白石的第一通信札的落款时间是九月四日，与刘子暎信札的时间（九月二日）相近，与伊藤为雄收件的时间（九月十三日）吻合，故可推知齐白石的信札当写于1940年9月4日，应是随同刘子暎信札一同托人面交伊藤为雄。尤为重要的是，齐白石在信札中

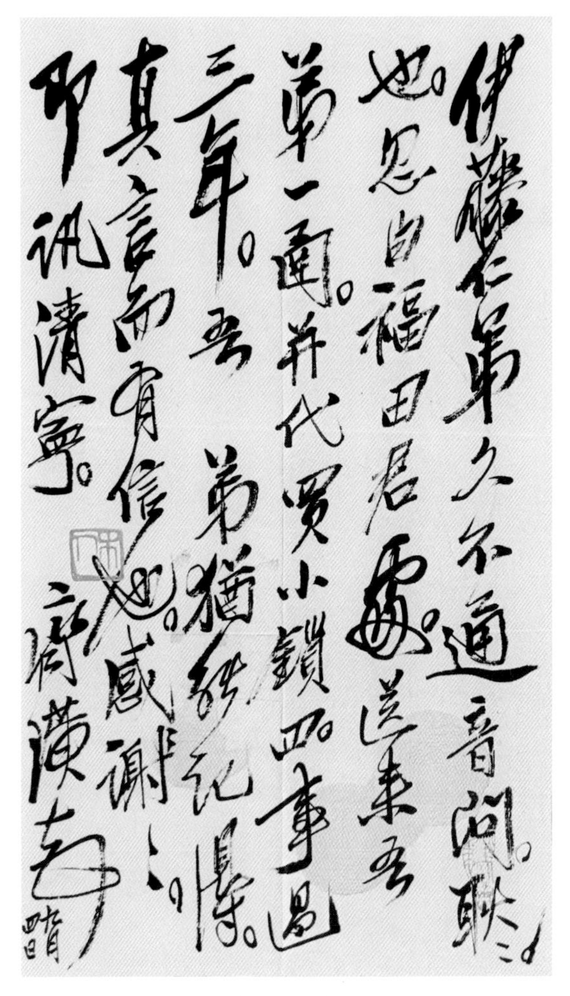
伊藤仁弟久不通音问，耿耿。忽由福田君处送来吾弟一函。并代买小锁四事，过三年。吾弟犹能记得。真言而有信也。感谢感谢。即讯清宁。齐璜

《齐白石致伊藤为雄信札》，1940 年 9 月 4 日
荣宝斋藏

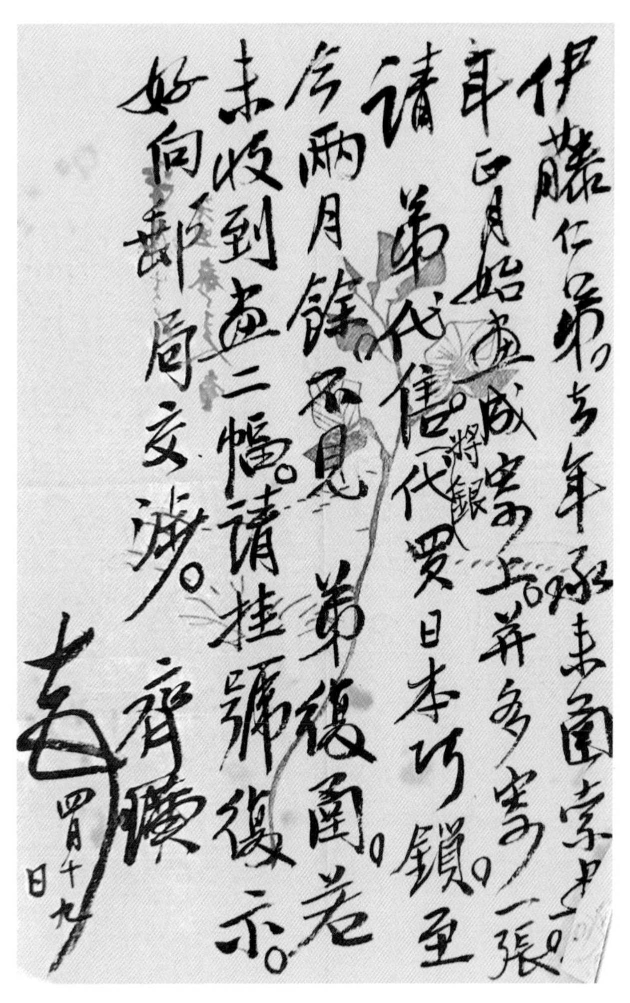
伊藤仁弟：去年承来函索画一张，今正月始画成，寄上。并多寄一张，请弟代售，将银代买日本巧锁至今两月余，未见弟复函。若未收到画二幅，请挂号复示。好向邮局交涉。齐璜 四月十九日

《齐白石致伊藤为雄信札》，1937 年 4 月 9 日
荣宝斋藏

谈到委托伊藤为雄帮忙代买锁，“事过三年，吾弟犹能记得”。按前述拍卖行中出现的六十通信札中，多次谈到委托伊藤为雄代买锁的话题，其时间集中在 1937 年左右，这与其所言“事过三年”也是吻合的，故可进一步确证齐白石第一通信札的时间即是 1940 年 9 月 4 日。

关于第二通信札的时间，在前述六十通齐白石致伊藤为雄的信札中，有一通谈到伊藤为雄向齐白石索画牛之事：

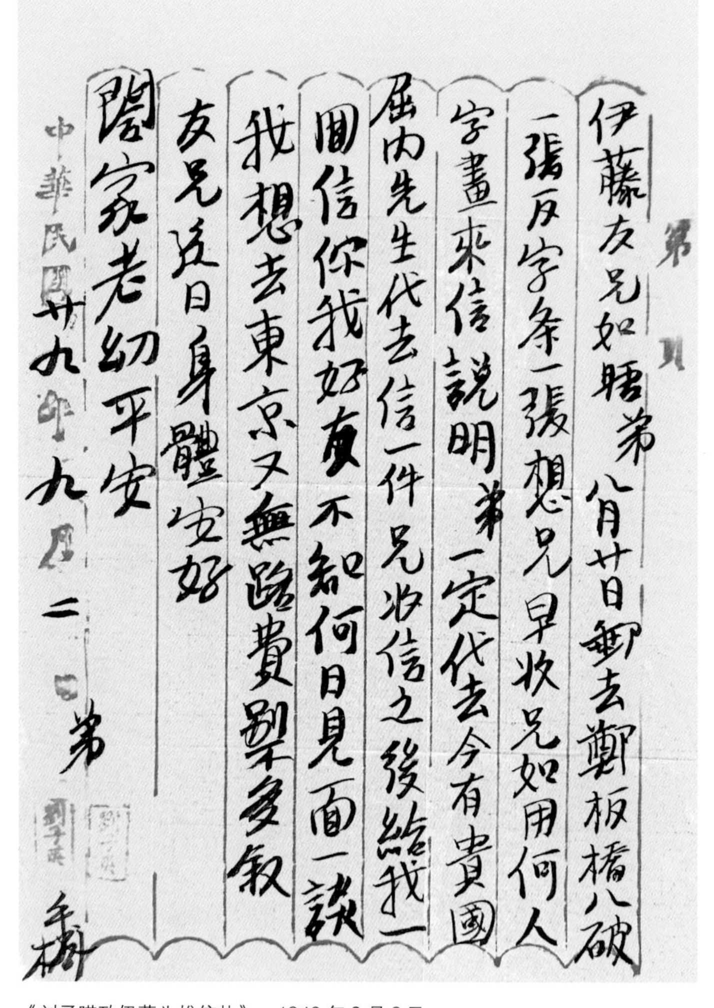

第 頁

伊藤友兄如晤 弟八月廿日寄去鄭板橋八破一張 反字条一張 想兄早收 兄如用何人字畫來信說明 弟一定代去 今有貴國屆內先生代去信一件 兄收信之後 給我一回信 你我好友 不知何日見面一談 我想去東京 又無路費 罷罷多叙

友兄近日身體安好

闔家老幼平安

中華民國廿九年九月二日 弟 刘子暎 手椷

《刘子暎致伊藤为雄信札》，1940 年 9 月 2 日

荣宝斋藏

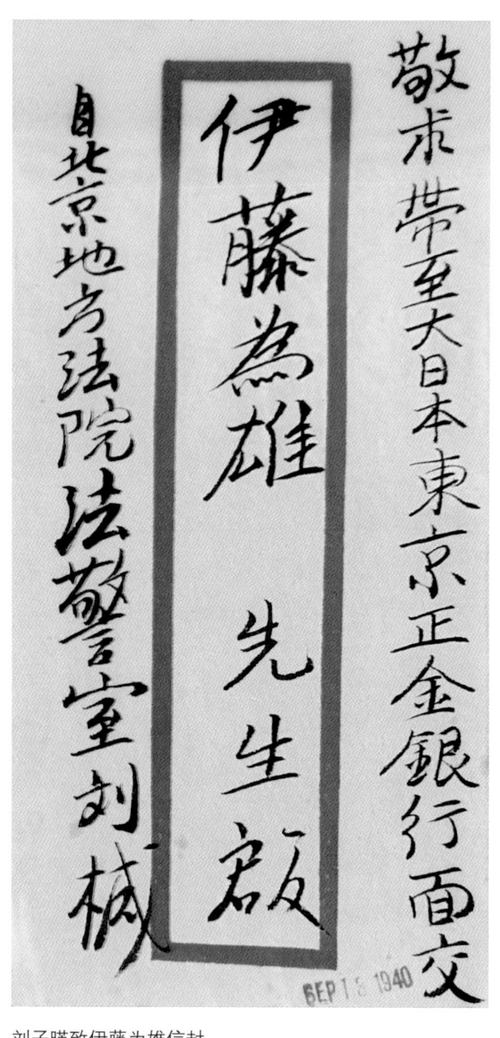

敬求帶至大日本東京正金銀行面交

伊藤為雄 先生啟

自北京地方法院法警室刘椷

SEP 18 1940

刘子暎致伊藤为雄信封

荣宝斋藏

伊藤仁弟：

来函索予画牛，今寄赠，又虾一幅，请代卖去。得价银请弟买日本巧锁数件，以不是普通锁为好。亦不要德国锁，因普通。

前年白维清经手寄卖《白石印草》，尚有数册之钱未来，请弟查明办理。

清妥为幸。白石齐璜顿首，廿六年一月廿。[19]

此信的明确时间为 1937 年 1 月 20 日，此处的“一月廿”按照齐白石的署款习惯，应为阴历，即正月二十。第二通信札中“去年承来函索画牛，今年正月始画成寄上”刚好与此信所言之画牛及正月寄画相吻合，故可知齐白石第二通信札书写时间当为 1937 年 4 月 9 日。

由此可知，新见的两通齐白石致伊藤为雄的时间分别 1940 年 9 月 4 日和 1937 年 4 月 9 日。齐白石和伊藤为雄交游的时间至少可以推延到 1940 年。其时正是中国抗日战争

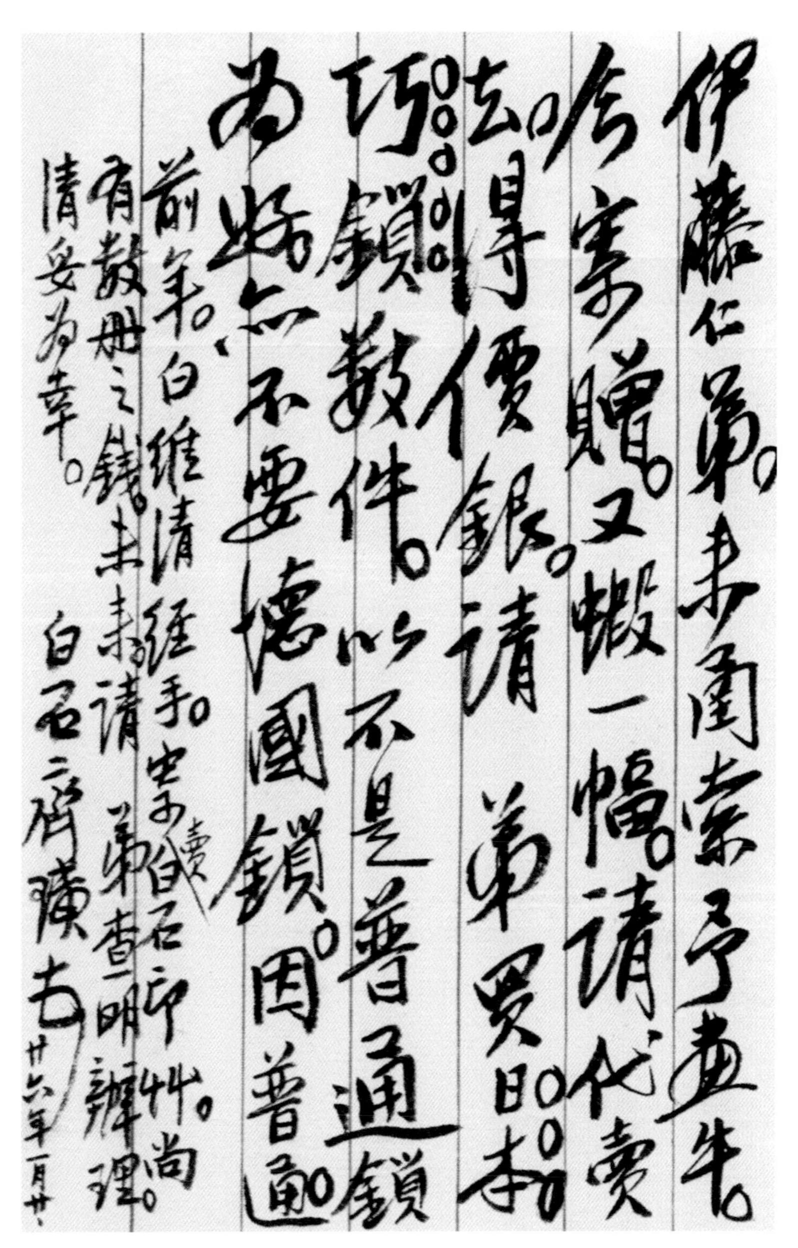
伊藤仁弟。来函索予画件。吟家贈。又撽一幅。請代賣去，得價銀。請弟買日本鎖。鎖數件，以不是普通鎖為好。亦不要德國鎖。因普通。

前弟白維清經手。卖白石印44。尚有款册之錢未来，請弟查明辦理。

清安為幸。

白石之齊璜 廿六年一月廿

《齐白石致伊藤为雄信札》，1937 年 1 月 20 日

时期，伊藤回到了日本，齐白石在日本的卖画生涯其实并未因日本侵华、抗战军兴而停止。作为一个靠鬻画为生的职业画家，或可看出齐白石一以贯之的行事风格。齐白石在自述中，谈到在抗战期间，谢绝“敌伪的大小头子”登门求画，但“只因物价上涨，开支增加，不靠卖画刻印，无法维持生活”[20]，因而私下的书画买卖仍然从未间断，甚至也包括与日本人之间的交易。由其于 1940 年致函伊藤为雄的信札即可见其一斑。

诸家致伊藤为雄信札中的书画交易

新见的齐白石致伊藤为雄信札所谈内容与前述六十通信札并无特出之处，除了伊藤为雄买画和代为卖画之外，便是委托其买锁等生活琐事。与其同一批的信札中，刘子暎致伊藤为雄的信札也谈到卖画之事。信中所言寄去“扬州画派”代表画家郑板桥（1693—1765）的画和字条，可知伊藤为雄不仅买卖时人之画，对古人书画也有所涉猎。在刘子暎的信札中，还附录了一份提供给伊藤为雄的画家作品和价目清单，其书画家有陈克明（女）、赵玉如（女）、陶美君（女）、蒋孱、时成俊（女）、袁仿（女）、余少（绍）宋、方子易、姚华、吴待秋、陈平厂、陈少鹿、王梦白、萧谦仲、汤定之、马晋、惠孝同、梁平甫、齐白石、佡贝子、萧厔泉、钟秋岩、王二水、俞瘦石、贺履之、汪巩盦、胡佩衡、陈太傅、王福厂、宝忱安、樊樊山、丁佛言、胡维德、华世奎、刘春霖、庄蕴宽、张伯英、宋伯鲁、罗振玉、郑沅、郑孝胥、张海若、邵章、朱益藩。这些书画家，有名重一时者，如吴待秋、齐白石、姚华、王梦白、罗振玉、郑孝胥等，也有名不见经传者，甚至有的画家在画史中几乎没有留下痕迹。从刘子暎提供给伊藤为雄的这个名单不难推测，这些书画家都是其时在北京和日本有着一定影响力者，且在艺术市场上受到追捧，经过八十余年的历史积淀后，他们中的不少人完全湮没无闻了，而只有像齐白石、姚华、吴待秋、王梦白、罗振玉、郑孝胥等少数的书画家直到今天仍受到关注，在美术史或学术史上占有一席之地。

刘子暎信札所附画家作品清单

荣宝斋藏

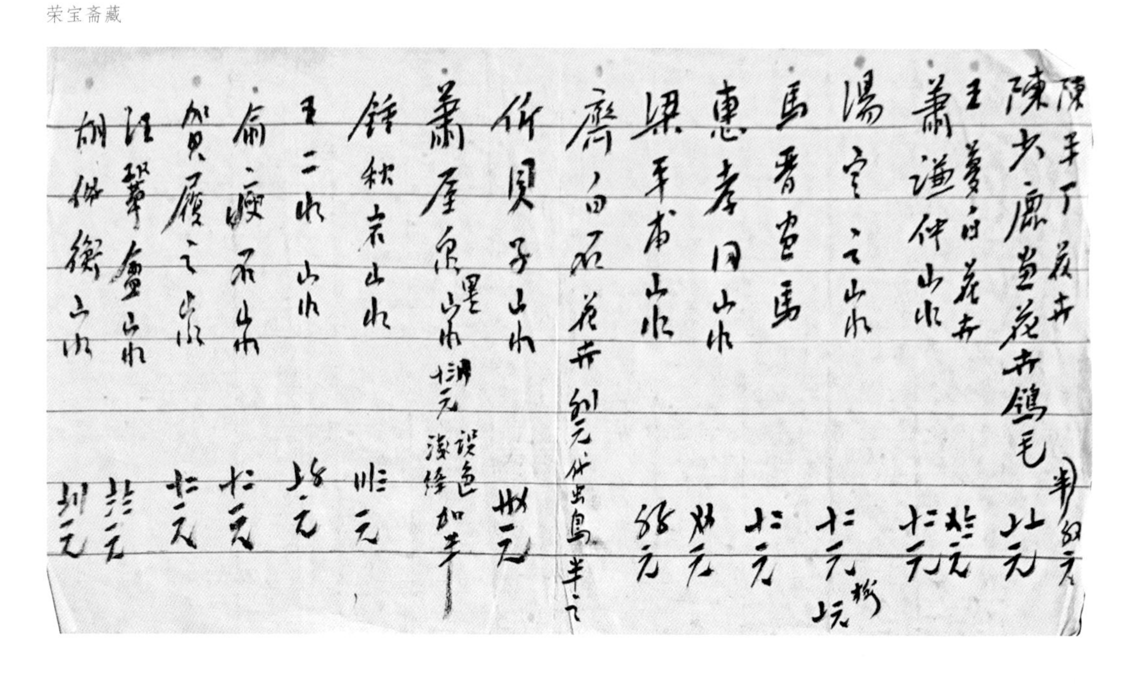
陳平厂 花卉
陳少鹿 畫花卉鴿毛
王夢白 花卉
蕭謙仲 山水
湯定之 山水
馬晉 畫馬
惠孝同 山水
梁平甫 山水
齊白石 花卉
佡貝子 山水
蕭厔泉 山水
鍾秋岩 山水
王二水 山水
俞瘦石 山水
賀履之 山水
汪鞏盦 山水
胡佩衡 山水

在这个清单中，齐白石的作品主要以花卉为主，“虫鸟半之”；可知其时受到追捧的仍然是其花卉，虫鸟次之，没有山水和人物。在价格方面，齐白石花卉的定价是五十二元，虫鸟二十六元；而吴待秋花卉二百零六元，书法五十二元；姚华的画和马晋的马，汤定之、贺履之、萧谦仲山水均为一百零二元；胡佩衡山水六十二元；惠孝同山水四十四元；刘春霖书法五十五元；罗振玉书法七十八元；郑孝胥书法五十二元；王梦白花卉四十八元。而两个声名不显者如赵玉如的人物和蒋屠、时成俊的人物均为五十五元。由这个附件中的价目记录大抵可看出齐白石在当时的价格比其弟子胡佩衡要略低，比王梦白略高，与郑孝胥和吴待秋的书法同价，但要远远低于吴待秋、姚华、马晋、汤定之、贺履之和萧谦仲等人的画价。意味深长的是，在经过八十余年后，齐白石的画价已经与当初遥遥领先的画家拉开了一大段距离。虽然画价的攀升有炒作、作品传播广度、题材的大众化等艺术以外的诸多因素，不能与艺术价值等量齐观，但从齐白石在20世纪三四十年代的市场冷暖到今天的热度，却可看出其艺术的接受史和传播史。

在该组信札中，尚有一通乃方洺致伊藤为雄。方洺（1882—？），字子易，安徽桐城人，方苞七世孙，擅诗文、书画，工花鸟、山水。在该信札中，方洺谈到他从青岛乘船至日本神户，再抵达东京，受到画家荒木、渡边的欢迎。在东京，他初步选定一个叫“三越”之地开一次展览会。为使展览取得良好效果，特意去拜访文学家大村西崖和美术学校校长正木先生，其画得到二君赞许。二君并约同荒木、小宣二君作为画展的发起人。方洺结识大村西崖，多有赖伊藤为雄绍介。在此信中，还谈到东京展览会后，方洺还将赴大阪重开展览。信中并未谈到齐白石。此信或可从另一侧面有助于我们深入认识伊藤为雄。他不仅是齐白石艺术在日本的重要推介人和传播者，亦是包括方洺在内的中国艺术家在日本的重要联络人和中间人。伊藤为雄与其时日本文学、美术界的名流如大村西崖（1867—1927）、荒木十亩（1872—1944）和渡边晨亩（1867—1938）等均保持密切关系。这些艺术家在20世纪上半叶都来过中国，对中国艺术造诣颇深，是中国艺术的传播者与推广者。

结语

在齐白石致伊藤为雄的信札之外，在现存资料中，尚可见一件齐白石留下的邮政收据，上书：“伊藤，山东芝罘横滨正金银行，画一条，二月廿。”[21] 这是1938年伊藤为雄赴烟台供职期间，齐白石致函留下的收据，也是在信札、绘画和印章之外，源自齐白石留下的与伊藤为雄交游的唯一痕迹。值得一提的是，习惯保留邮政收据的齐白石，与伊藤为雄有过至少六十多次鸿雁传书，抛开倩人捎带的不计，通过邮局传递的当不在少数，但留下的收据却只有这一件，且该收据还是与其他的凭据记录在同一张废旧的纸上。或可看出在其时中日交战的大环境下，一向做人谨慎的齐白石小心翼翼地处理两人交游的痕迹。

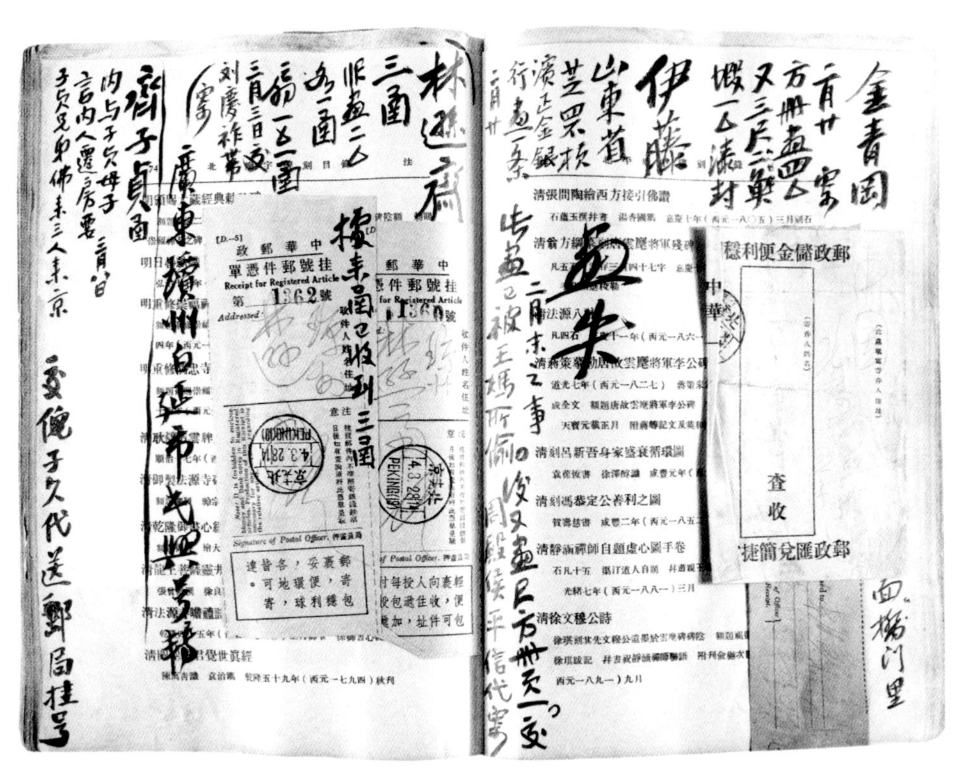

齐白石致函伊藤为雄的部分邮政收据
北京画院藏

作为一个银行从业人员及书画收藏家、经纪人，同时又被齐白石称为“画事知己”，伊藤为雄起到了为齐白石在日本的推广与传播作用。这一点与作为外交官的须磨弥吉郎（1892—1970）有异曲同工之处。耐人寻味的是，在齐白石的诗歌、日记、杂记、手账中，几乎找不到伊藤为雄的身影。他似乎是在刻意隐瞒或回避与其交游的痕迹。现在所见两人交游的史料，来自齐白石方面者，除了少数画作外，几乎悉为信札，而信札是极为私密的信息源，除了写信和受信人外，很难有第三者知悉。而来自伊藤为雄方面的信件，在极为重视资料留存、连账本和收据都保存完好的齐白石这里，却出人意外地没有留下包括信札在内的伊藤为雄的任何资料。如果没有来自日本的伊藤为雄保存的信札的回流，两人交游的事迹恐怕要永远湮没在历史长河中。这不能不看出饱经沧桑的齐白石在对待与日本藏家伊藤为雄交游的审慎态度。尽管如此，伊藤为雄为齐白石艺术在日本的推介与传播是有迹可循的，而日本藏家对于齐白石作品的追捧与庋藏，毫无疑问，伊藤为雄是居功厥伟的。

（本文在写作中得到吕晓、贺宏亮、邹典飞襄助，在此致谢！）

1 绡《志樊山先生之最后遗作》,《申报》1931 年 8 月 31 日第 20980 号，第 17 页。

2 绡《志樊山先生之最后遗作》,《申报》1931 年 8 月 31 日第 20980 号，第 17 页。

3 绡《志樊山先生之最后遗作》,《申报》1931 年 8 月 31 日第 20980 号，第 17 页。

4 绡《志樊山先生之最后遗作》,《申报》1931 年 8 月 31 日第 20980 号，第 17 页。

5 绡《志樊山先生之最后遗作》,《申报》1931 年 8 月 31 日第 20980 号，第 17 页。

6 艾俊川《齐白石“演电影”》，徐俊主编，严晓星执行主编《掌故》第三集，中华书局，2018 年，第 43-69 页。

7 吕晓《齐白石两登美国〈时代〉周刊》，北京画院编《齐白石研究》第八辑，广西师范大学出版社，2020 年，第 153—160 页。

8 张涛《摩登老人——齐白石拍电影三记》，北京画院编《齐白石研究》第八辑，广西师范大学出版社，2020 年，第 161—170 页。

9 陆伟荣《齐白石与近代中日联合绘画展览会——被介绍到日本的齐白石》,《东方艺术》2013 年第 16 期。

10 陆伟荣《齐白石与近代中日联合绘画展览会——被介绍到日本的齐白石》,《东方艺术》2013 年第 16 期。

11 朱万章《齐白石艺术在日本的传播及其他》,《美术研究》2013 年第一期。此文后改名《海国都知老画家——齐白石艺术在日本的传播及其他》，先后收入王明明主编《齐白石国际研讨会论文集（下）》（592—605 页，文化艺术出版社，2010 年）和朱万章《画里相逢：百年艺事新见录》（1-28 页，人民美术出版社，2020 年）。

12 冯朝辉《“不知者之有可知者否”——日本回流齐白石作品浅析》，北京画院编《齐白石研究》第二辑，广西美术出版社，2014 年，第 129 页。

13 冯朝辉《古渡今归——说说日本的中国书画收藏》,《美术大观》2020 年第 10 期。

14 周蓉《齐白石艺术与 20 世纪中日美术交流》，北京画院编《齐白石研究》第六辑，广西美术出版社，2018 年，第 67—78 页。

15 郑雪峰《成就千秋万世名 借山借到樊山笔——齐白石与樊增祥》，北京画院编《齐白石研究》第八辑，广西师范大学出版社，2020 年，第 12—25 页。

16 浅野泰之《民国时期中日书法交流》，中国美术学院 2019 年博士论文。

17 浅野泰之《民国时期中日书法交流》，中国美术学院 2019 年博士论文。

18 浅野泰之《民国时期中日书法交流》，中国美术学院 2019 年博士论文。

19 中国嘉德 2011 年秋季拍卖会 1346 号拍品,《齐白石为伊藤为雄刻鸡血石对章、寿山石印章》。

20 中国嘉德 2011 年秋季拍卖会 1346 号拍品,《齐白石为伊藤为雄刻鸡血石对章、寿山石印章》。

21 北京东方艺术品博览会组委会编《历代风华》，文物出版社，2013 年，第 212 页。

人 物

从须磨弥吉的笔记看齐白石姚茫父交游

陈雅婧

齐白石在五十多岁时定居北京以卖画为生，因此与北京画家群多有往来，其中就有姚茫父。但两人的关系究竟如何？本文将从驻华外交官须磨弥吉郎的中国书画近代收藏笔记中一探究竟。

姚华《须磨旧藏春可悦山水》（局部）

姚茫父照片

须磨弥吉郎照片

近代国画大师齐白石（1864—1957）在五十岁之前基本生活在自己的家乡——湖南省湘潭县白石镇，所交之人多为当地士绅，日子倒也平静安详。后因湘中匪患肆虐，不堪其扰的他决定北上发展，并于1917年起定居北京，以卖画刻印为生。为了适应新的生活圈，他与北京画家群多有往来，其中包括科甲进士姚茫父。

齐白石与姚茫父在相识十多年间于公共领域的关系，表面上还是十分和谐的。二人相识之初，齐白石便积极与姚茫父联系，为他刻印、画扇，并自觉在姚茫父题跋后再题，有“画蛇添足”之嫌。而姚茫父在收到齐白石赠品后会回馈润例及画作，并尊称其为“齐先生”。因而二人在公共空间的正面来往中，显现出了君子之交的谦逊和礼貌。然而历史人物的交往除了公共领域外，还有私人空间的各自心理感知。目前在能够搜集到的齐、姚非正面交往的言论、诗文、日记中探知，二人的关系并非如表面上那么和谐，齐白石也曾在晚年回忆录中多次暗示姚茫父内心是看不上自己“农民出身”的，并且自恃功名在身，总是有意无意地摆高姿态，戳伤白石翁的自尊。

目前在公众领域的认知中，齐白石与姚茫父的关系并不怎么好，总体展现出一种面和心不和的应酬状态。然而在近代日本外交官须磨弥吉郎（1892—1970）的书画收藏笔记中却扭转了之前人们对齐、姚关系不和的认知，将两人的关系描述得极为亲密，甚至将姚茫父比作在京提携齐白石的第一人。那么齐白石与姚茫父的关系到底是怎样呢？

当研究者们逐渐断定齐白石与姚茫父的关系有较大嫌隙时，日本京都国立博物馆馆刊《学丛》却于2003、2004、2005连续三期刊载了学艺员西上实整理的驻华外交官须磨弥吉郎的中国近代书画收藏笔记。笔记中除了对齐白石、姚茫父等个人评价非常之高外，也将二人的关系描述得异常亲密。例如，他在《中国现代国画分野展望》一文中说：

要论中国现代国画的一代宗师，到底谁才能担得起这个名号呢？姑且就不用追溯到赵之谦和林琴南等了，要说距离现代最近的大师，非姚茫父莫属。

姚茫父写“优波毱多尊者”铜盒拓本

首先，茫父精通金石篆刻，从这一点可以很自然地看出他作品的悠远性。特别是在山水画方面，比如《春可悦》，将类似西洋画中的水彩表现出充满自然的写实风味。

还有一点就是他挖掘出了齐白石。不过也只有姚茫父才能挖掘出白石翁的悠远性。哪怕仅凭这一点，也完全可以肯定地说他是现代中国画的大师。

将齐白石从其故乡湖南湘潭挖掘而出的人，正是姚华。齐白石自然就会受到很多姚茫父的影响。尤其是齐白石的篆刻就是受姚茫父启发而创作出令人惊叹的作品的，但是又可以看出白石翁在向姚茫父学习的同时，也有不断改善、不断开辟的痕迹。因为白石翁为山人（须磨本人）刻有“昇龙山人”的印章，这印的风格和姚华极其相似，这是来自同为篆刻家的颜世清的评语。[1]

在另一篇《茫父姚华》中又写道：

昭和四年一月一日（1929），山人将白石翁邀请到自己在北京的家中，当时我问白石：“当代能令您感铭于心的画家有谁？”白石立刻说：“当然是茫父。”从茫父在湘潭这一偏僻地方发现白石这一点看来，这个回答自然是毫无异议的。白石又说，在留意研究了以明朝四大名家为首的中国画大家后，痛感明末以后像茫父这样画法有所成就，又能表现出创意的画家并不多见。这也可以佐证山人将茫父与石涛相提并论的观点。[2]

1954年9月20日，须磨弥吉郎受新中国国务院总理周恩来的邀请前往北京参加建国五周年庆典，这是须磨时隔十二年再次踏上中国的土地。除了正常公务活动外，须磨再次拜访了齐白石，没想到九十多岁的白石老人居然还住在原来的地方，且每天都坚持画画。之后须磨对这次会面回忆道：

> 两人叙旧后，我坦率地跟齐老提起，他以前画的山水真的很好，如果有能够割爱的，不妨再让给我一些。先生表示他自己也想留些的，但还是拿出了一幅自己珍藏的精品《水连天图》给我，齐老先生说这是他在72岁时所画。不仅如此，他还把从湘潭起就一直提携他的姚华，即姚茫父先生所画的《四君子图》也一并给了我。白石翁能有今日，也有姚华和我的一份功劳。齐老先生的慷慨之举无形中将我们三者的关系体现了出来，对此我深感欣喜。[3]

须磨弥吉郎于1927年11月正式抵达北京，担任公使馆二等书记官，1930年1月调任广东。这期间他在笔记中多次提到与齐白石的正面交流，因而齐白石对姚茫父的夸赞应该是确有其事。但同时笔记中所有出现的姚茫父作品却全部来自古董商店，也没有任何文字信息可以证明须磨曾经认识姚茫父。这说明“齐白石是被姚茫父从湖南湘潭提携来京”的说法纯属作者的想象。不过齐白石为什么要在须磨面前夸赞姚茫父呢？甚至齐白石向姚茫父学习书画篆刻是不是也是须磨的想象呢？现有两则史料或许可以旁证1927至1930年二人关系的缓和。

一则是1927年夏，姚茫父外甥熊圣敬随姚寓居莲花寺，他曾亲眼见到齐白石携带自己画的山水画过来请教：

> 有人说舅舅与齐白石老人有矛盾，我看不是事实。记得1927年夏季，齐老先生拿来

姚茫父《春可悦图》
须磨弥吉郎旧藏

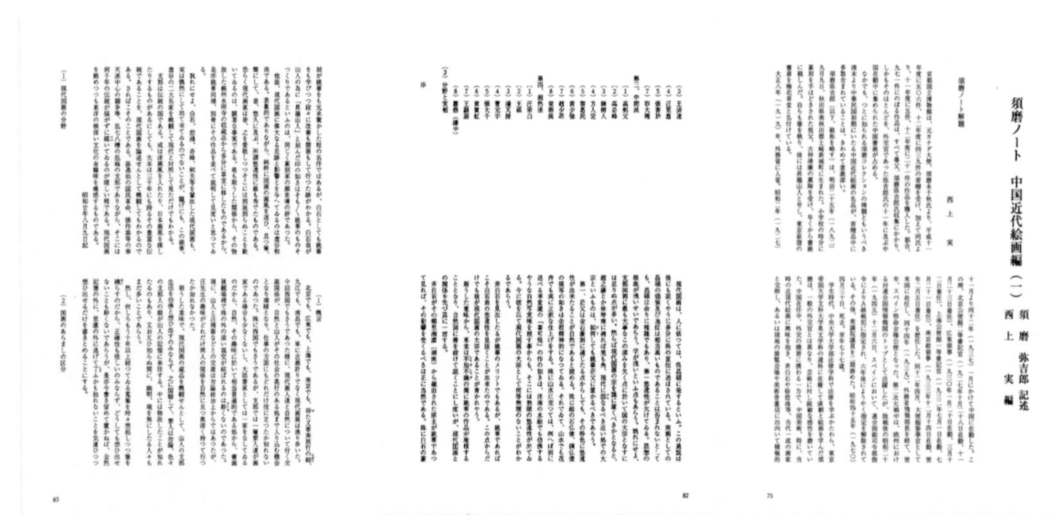
須磨ノート 中国近代絵画編（一） 須磨弥吉郎 記述 西上実 編

西上实编：《资料简介——须磨笔记：中国近代绘画编（1）》，载《京都国立博物馆学丛》，2003 年 5 月第 25 号

两幅刚画好的画，请舅舅指点，舅舅忙说道：“哪里，哪里，还是互相切磋。”于是我把舅舅搀扶到书桌边后，就忙着铺纸、涮笔、研墨……齐老先生带来的是两张横幅水墨山水画。当时齐老先生比较擅长条幅花卉，对横幅画山水似乎还不太见长。我把宣纸铺好后，舅舅就提起笔来边画边讲，意思大概是，画惯条幅画的人往往只注意纵深，画横幅不仅要注意纵深，而且还要讲究场面的宏大。这时齐老先生立即将我铺下的宣纸揭去，将自己画稿铺上说道：“习作之品，就请先生在上面斧正吧。”为了不打扰他们，再加上他们说的、画的那些东西我也不太懂，我便在旁边的一张太师椅上坐下来看书，直到客人起身告辞。我见齐老先生已将舅舅改过的那一幅画，细心地卷好拿在手里，把那幅没改过的画信手一抓揉成一个纸团，扔进了字纸篓。舅舅诧异地看了看他，齐老先生赶快解释说：“此乃习作之品，要他何用。唯先生斧正之作，白石当珍藏起来。”

另一则是关于齐白石受聘京华美术专科学校的事。京华美专创立于 1924 年，当时是由邱石冥、高希舜、王石之等人以他们在国立北京美术学校的老师姚茫父的名义发起创办的私立美术学校。新校开学典礼姚茫父和齐白石都有参加，并且在姚茫父讲完话后齐白石也顺势说了句：“好，就是姚校长所说的这样，大家努力去做。”1926 年姚中风后便由邱石冥代理校长，邱上任后力邀齐白石来校任教，但齐白石于 1926 年 9 月 29 日至 10 月 3 日，连续五天在《顺天时报》头版刊登《齐白石不好为人师》的声明，拒绝邀请。但 1929 年 7 月 20 日的《华北日报》第 5 版《今日中山公园京华美专图画展览大会》一文中列出了当时京华美专的校董名字，有沈尹默、

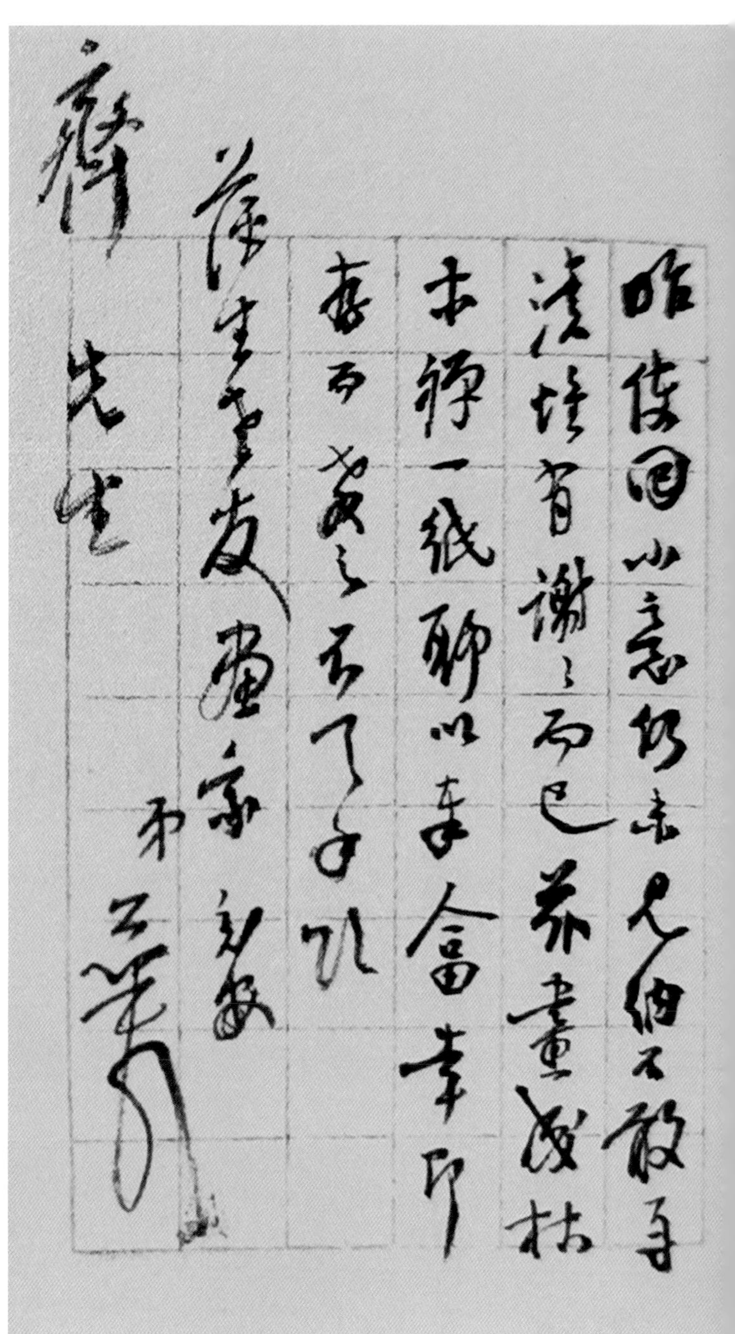

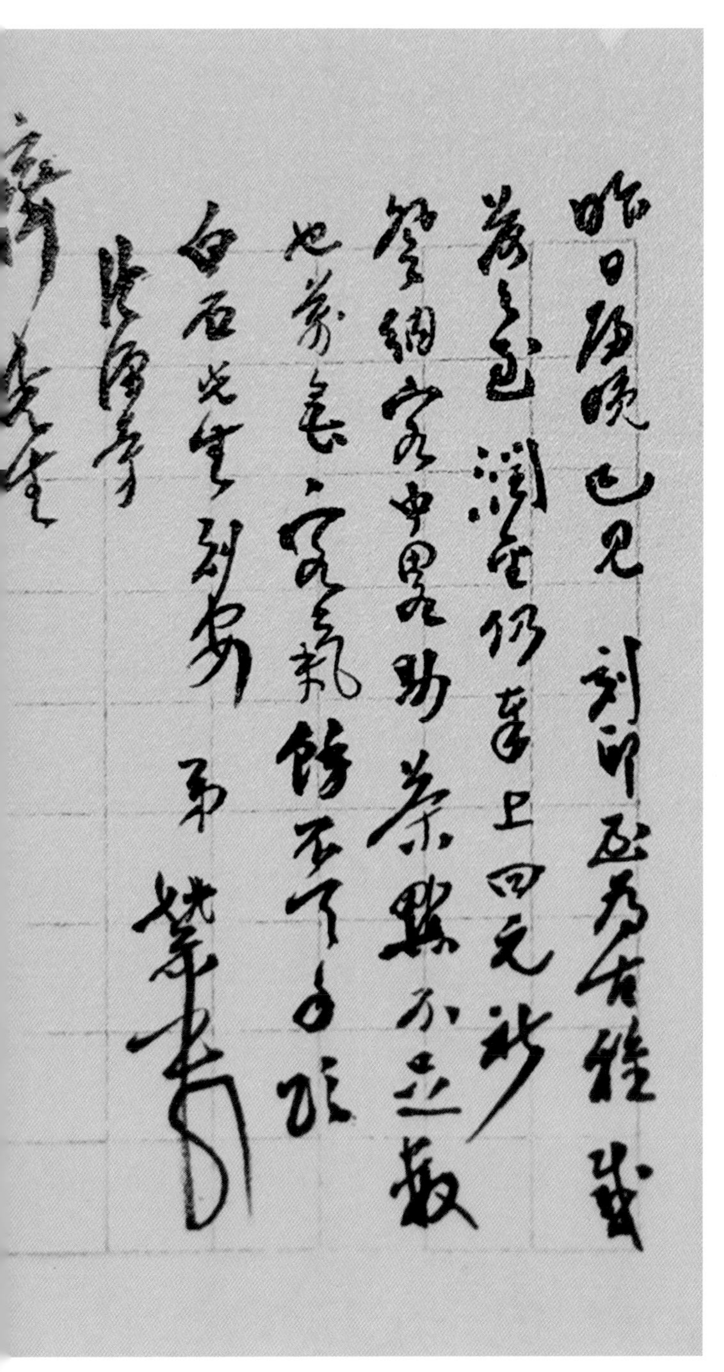

齐、姚书信

齐白石《牵牛花》

邱石冥《蘑菇图》

北京画院藏

齐白石《秋馆论诗图》

邵次公、姚茫父、齐白石、凌文渊等。说明1929年齐白石已出任京华美专校董一职。[4]其中虽有学生邱石冥的劝说，但背后肯定也得到了名誉校长姚茫父的支持。在齐白石为邱石冥题写的一幅《蘑菇图》中，便引述了姚茫父赠送给邱石冥的诗。那么在齐白石连续登报声明不为人师后仍被请出了山，这其中定是校方给予了白石翁充分的“礼遇”和“尊重”。

1926年姚茫父因脑出血中风左臂致残，心向佛学，看淡人事。齐白石也因1922年中日联合绘画展览一举成名后，画艺逐年精进。故而在姚茫父去世前这段时间，二人关系缓和也是情理之中的事。况且在陈师曾（1923）、金拱北（1926）相继去世后，旧京师名义上的精神领袖已然落到了姚茫父身上。虽然须磨与齐白石有过几次会面，但基本是出于礼节性的简短闲聊，且须磨又是日本驻华外交官，齐白石素来厌恶官场，因而与官员打交道时讲的无非也都是些场面上的话。那么对于1929年2月马上就要担任京华美专校董的齐白石来说，在个把月前的元旦节答复须磨他最铭记于心的人是姚茫父，也就顺理成章可以理解了。

1 西上实编：《资料简介——须磨笔记：中国近代绘画编（1）》，载《京都国立博物馆学丛》，2003年5月第25号，第82-83页。

2 西上实编：《资料简介——须磨笔记：中国近代绘画编（1）》，载《京都国立博物馆学丛》，2003年5月第25号，第118-119页。

3 须磨弥吉郎：《中共见闻记》，东京：产业经济新闻社，1955年，第79页。

4 北京画院编：《齐白石研究第八辑》，南宁：广西师范大学出版社，2020年，第88页。

（因篇幅限制，本文有删减）

拾遗

拾 遗

从知鱼堂到竹屋到疏园

郭绵荪

从知鱼堂到竹屋到疏园，郭味蕖在这里度过了他一生六十四个春秋。在那里有他钟爱的花木、欣赏的园林、读过的书、看过的画，度过的生活和憧憬的境界。

1938年家乡沦陷后，郭味蕖蓄髯家居

晚年郭味蕖

父亲一生喜欢自然，喜欢花卉和园林，这对父亲从事山水花鸟画创作，有着极大的好处。提起这种渊源，还要从我老姥娘家谈起。

我小的时候，经常跟着祖母到她的娘家去。因为这里有花圃，一年四季开着各色的花，我很愿意去玩。听祖母说，在老辈上分家的时候，她们家分了一个马号（养马的马圈），由于喜欢园林就把这个马号建成了花园。祖母说，她小的时候，每到春天花开，连妇孺们都要坐着轿车去看花。但因为修建这个花园，把家里的财产用完了，于是家境中落了下来。

我老姥娘家里的院子很大，分为里、外两个院落，在里院北房窗下，种着一行南天竹，挺拔的枝干上，夏天长着绿绿的叶子，冬天雪后就更好看了，在红得像珊瑚珠一样的天竹穗子上，落满了雪，把天竹豆映衬得更红、更艳了，叶子也更青翠了。天竹边下，在月台台阶旁边，有一棵种在地上的大蜡梅花，冬天就绽开出蜡黄色的花朵。园子里地下放着一个大铁锅，里面种着荷花。还有一种小型莲花，种在极小的盆子里，叶子比睡莲叶还小，叫“孩儿莲”，是

谭汝霖绘《自怡园》（局部，郭味蕖母亲陈家的园林）

我小时候最喜爱的。院南边有个花池子，池子边上种着一行黄杨树，冬天常青不落叶。靠南墙是一株大枣树和一株柿子树。每当金秋，我和祖母去老姥娘家时，姨和舅们总要送我一些带着叶子的枣子和柿子带回来。外院没有什么名贵花木，种着芍药、蜀葵、秋葵、凤来仪、十样锦、江西腊等草花。由于全家都爱花，因此我奶奶自幼也喜欢种花种菜种豆。

日伪时期，父亲从北京回到了潍县。在敌伪的统治下，父亲埋头于书画。大门常是半关着，门外又垒上一个小门，里面又开个便门，并用秫秸把它密密地遮掩起来。进入便门，过道中有一株黄色的野梅花，再往前，便是一架藤萝，两行竹子，折进中门，靠墙有一株蔷薇，然后便是里院。父亲活动的地方是南屋，他把西边二间摆成书房。

在去北京的时候，请齐白石题了篆书“知鱼堂”三字。这名字是源自《庄子》“秋水篇”的“知鱼之乐”，原文是这样：“庄子与惠子游于濠梁之上，庄子曰：‘鲦鱼出游从容，是鱼之乐也。’惠子曰:‘子非鱼，安知鱼之乐？’庄子曰：‘子非我，安知我不知鱼之乐？’”庄子这段记叙有善达物情、从容适性、淡然自乐的意思，父亲用它为堂号，在当时也有潜心书画、洁身自好的用意。实际上白石老人写的这个匾额一直没有挂过，因为字迹过大，挂上太显眼。这屋子虽说是南屋，但因为后边有院，实际上就是北屋，有台基，因此高敞干燥，父亲在潍县，主要是在这里读书、写文章、写字作画。

知鱼堂的北院，是砖铺地，地上多是盆花。院东边，有一株紫荆树，春来先花后叶，十分繁茂，引来无数蜂蝶。北房下东边有一株小紫薇花，西边有三株石榴树，夏天开出淡淡的白花，结出很多石榴，十分甘甜。院子

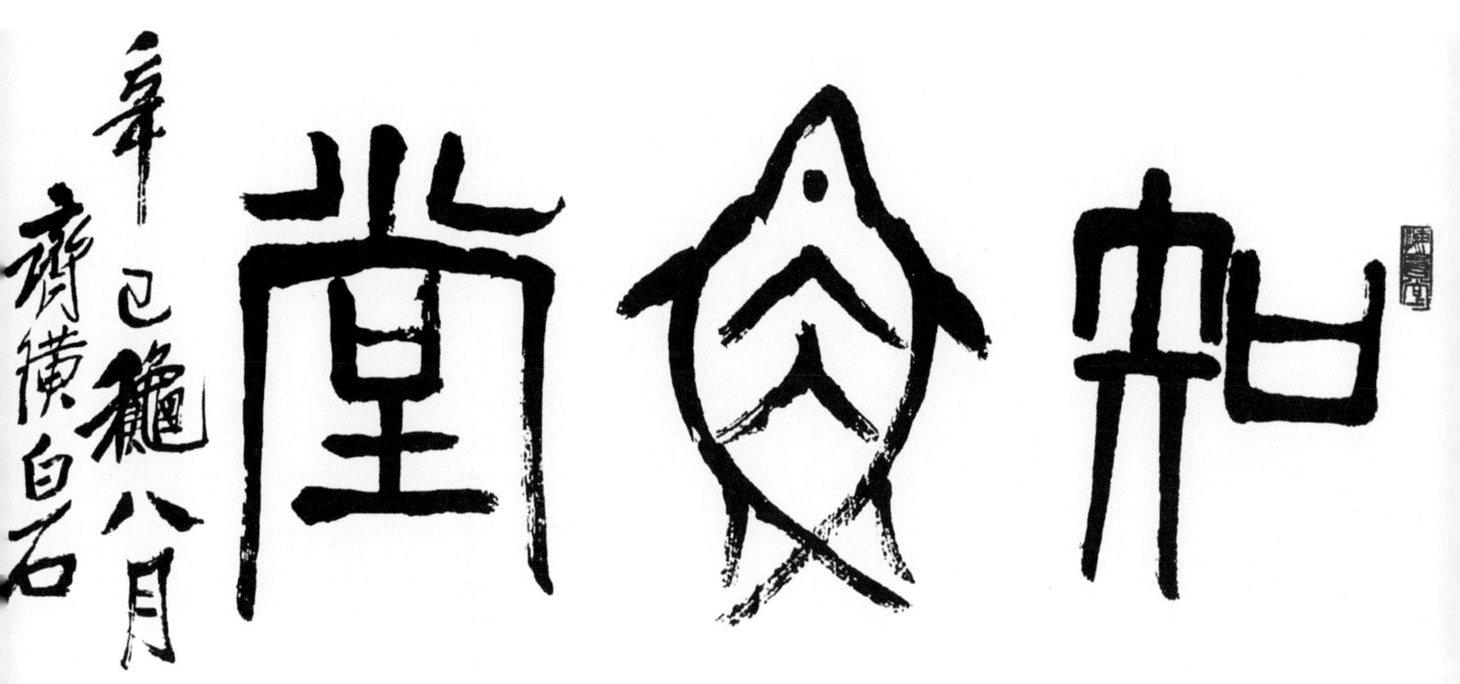

齐白石题“知鱼堂”

的西边有一个土池，土池边上还简略地加上了木栏。木栏边上种着射干。南墙下种着喜阴的玉簪花和秋海棠。土池中还有紫蝶、十样锦、红萱草、芍药等。靠西墙有一丛叠石，石上种着一棵迎春花。这里最高的树是一棵西府海棠，春日开花的时候，繁花烂漫，使得园中充满了春意。砖地上是盆花，以夹竹桃为最多，还有剑麻，缸里种着荷花和睡莲，台阶下有两株芭蕉。

知鱼堂南院，主要是种着竹子。正冲房门，是一个花池，里边放着两块石头，种着一株友人送的不高的马尾松，石头边杂种着雏菊。花池下边还种着紫蝶。院中竹子最繁茂，约有上百竿。爸爸非常喜欢竹子，每年春天竹子发芽前，总要浇够了水，使竹笋快些钻出地面。地上长满了竹鞭，积叶满地。窗外也有三株石榴树，两棵白的，一棵红的是复瓣。由于院中寂静，石榴树上每到傍晚就有数只斑鸠来宿，每当月夜，从室内望去，斑鸠栖息在树枝上，形成疏枝眠月的景象，十分入画。这情景触动了父亲的画兴。有一个阶段，他专门着意观察斑鸠的形象和色泽，画了好多张有斑鸠的作品。鸠的形象，既现实，又古雅，可惜现在少见了。

院中还有一株榆叶梅、一株木槿、一大棵连翘、一棵丁香。院的东侧，有一株高高的花椒树。院的西侧，父亲修了一个圆门，门上用砖自己刻了“绿嶂”两个字。门内种着一点竹子，墙上爬满了爬山虎，每到秋日，风雨秋深，叶子变得红紫斑驳，并结出石青色的果子。知鱼堂向南的门整日关着不开，门上挂着一块窄长的匾，上有周亮工手书“城市山林”四字。匾很旧，很朴素，是买到的。这就是知鱼堂院中的情形。祖母虽说喜欢种些扁豆呀、辣椒呀、向日葵呀，但因没有地方了，就只好种在房后夹道里。

郭味蕖《疏枝眠月图》
家属藏

这些花木，陶冶了父亲的情操，使他熟悉了花木的形态习性，但是他并不写生，只是静静地观察，精心地侍弄，渐渐地熟悉了这些花木。

父亲颜其居室为知鱼堂，这是通间两间，北窗是纸窗，南窗的下半部换上了玻璃。室内一进门是两个书架，架上放着黄宾虹辑的《美术丛书》，还有《珊瑚网》《辞源》等书。父亲这时已经写了一本《郑板桥评传》，32开本，也放在书架的最下一格，这个初稿现在早已不见了。靠门的北窗下是一张床，靠屋山的北窗下是一张条几，条几上放着两件铜器，一个汉方壶，一个汉圆钟。还放着一部《汉书》，听爸爸说这是一个好版本，在清版中混有几册明版。天头很宽，纸很白，阔版大字，但我们很少打开看它。靠屋山是一张方桌，桌上放着一只瓷盘。接近屋山的南窗下，放着一张两头带有横隔中间有三个抽屉的书桌，作为画案，似乎小了些，当时父亲写字、作画、看书总是在这张桌上。桌上铺着一块白桌布，由于常年书画，布上已是斑斑点点的色墨痕迹。桌上放着文房用具，还放着几本字帖，父亲经常临写的是《枯树赋》。窗子的两边挂着一副平木板凹刻的对联，上面是清人张船山写的“风喧莺语滑，烟驻柳丝长”的行草字。靠门的南窗下是一张小茶几及两把椅子，茶几上放着茶具。

山东的冬天也很冷，但父亲从不生炉火，是怕炉火的煤烟把画呛坏了吧！因此他的屋里十分清冷，只在屋中间，放着一个桌子高的六角的火盆架，上面有一只铜火盆，只有在大冷天，才点上一点儿木炭火，所以这时父亲冬天作的画，总要写上“于知鱼堂呵冻书”的字样。

屋子里还放着一套用木匣子装着的丁佛言编的《篆文大字典》，是从别人处借来的，有一段时间父亲研究篆书和篆刻，经常用到它的。室内还放着吴大澂的《说文古籀补》及丁氏的《补补》。墙上四时总是换挂着书画。

郭味蕖摄于潍县家中

郭味蕖摄于家中

常挂板桥的书画，最常挂的是一张板桥画的竹子，纸已经很旧了，还染着地子，上面题着“两枝旧竹，两干新篁；旧枝方茂，新干已长；子子孙孙，继续无疆”。还常挂罗聘的红梅，新罗山人的雏鸟金丝桃，又非常喜欢张赐宁的一张石崖下面长着长叶翩跹的兰花，还有蓝瑛、蓝琛的山水，钱选的工笔花草，陈洪绶的高古人物，书法又很喜欢何子贞的笺纸草书。

父亲终日在书斋里读书、写字、作画，做好了饭叫几次都不来吃。也时常来些客人，常来的有陈君藻、于希宁、徐培基、陈春甫、马洁泉、郭兰村、郭志先等，一坐就是几个钟头，甚至深夜不走。还有几个古董商人，其中有一位姓齐的叫齐升，经常抱着古画、瓷器等拿来兜售。还有一位姓李的，因为知识渊博，大家戏称他为“李名士”，也是字画商人。拿来的画，如果价钱合适，也买一些。父亲买画，不拘作者名声大小，只是看重内容。如果内容好，笔法精，即使是小名家，父亲也非常喜爱。因此父亲常买张小蓬、张士保、汪昉等一些既无名声也不值钱的画。如果碰到一张自己喜欢的画，就要留下来看几天，总要想方设法凑些钱买下来。如果实在买不起，还可以临一临，勾下稿子。现在还有一本南阜山水册，就是勾下的稿子。

这时屋里很少摆花，冬天就是一盆迎春，或是一盆蜡梅，还有几株水仙。有一段时间

郭味蕖《荷花》，20 世纪 60 年代

还有一棵碧桃。父亲在这屋里作画，以松、竹、梅、兰为多，也画些山水。父亲是多产的画家，每日所作书画，都要挂在墙上，因此四壁满是书画。这段主要是临古，也有自己的创作。父亲对宋元以来的文人水墨写意很感兴趣，对扬州八家尤其喜爱，但对宋元的工笔勾勒，清代恽氏常州派的没骨晕染，周之冕、金冬心、陈洪绶的粗勾，沈周、陈白阳的率勾淡彩，以及海派的赵之谦等，也都兼收并蓄。除了临仿真迹外，也临摹一些珂罗版上的作品，这时案头放着几本《南画大成》和一本《支那名画集》，父亲从中汲取了不少营养。这时常用一种日本产的“障子纸”作画，这种纸大约是糊窗子用的，有点像棉纸，用这种纸画了不少水墨窄幅花卉和山水册页。这时也有一些商人等接笔单来求画，求画多通过文物店或古董客，文物店收来件，拿回来后放在笔筒里。上面贴着一方小红纸，写着“敬求法绘”四个字。这时作画，自署“浮烟逸史”“浮烟外史”“浮烟山中人”。因为家乡有浮山，又叫浮烟山，是故乡的名胜。

1945 年我们从无线电里听到日本投降这震动人心的消息。

故乡光复后，县里的学校改为潍县县立中学，爸爸又在这里教书了。这时父亲除教中学外，还兼任励新小学校长，这是一所私立学校，当时又要办学，又要延师，又要筹款。父亲把很大的精力放在办学上，三年中，使学校办得很有成绩。父亲也很注重美育教育，请郭葭菖任美术教师，孙冠卿任音乐教师，还亲自出墙报，为学生设计绘制了图画本、剪贴本和剪贴图样，又将孙冠卿老师的军乐谱汇集印刷，并亲自绘制了《军乐曲谱》的封面并写了序。还经常进行文艺演出，记得一次春天的演出会上，幕布上设计有蜘蛛和落花的图案，还有宋体字写着“蜘蛛也解留春住，着意添丝网落花”的诗句。

他又将教研室里屋辟为画室，团结了一些绘画爱好者在此写字论画。在县立中学教书期间，对中学美术教学进行了改良，为家乡培养了美术人才。

这期间父亲又去过几次北京，有一次父亲还带祖母去北京。听祖母回来说，父亲没有时间陪她各处游逛，只是一大早将祖母带到中山公园茶座，要几样糖果点心，然后父

郭味蕖《红梅》，1971年

郭味蕖《梅竹图》，1971年

亲即去琉璃厂的书画店、书肆，或是会朋访友，直到傍晚，才来将祖母带回寓所。父亲每次从北京回来，都要带回一些古字画和当代名人的字画来。记得有溥心畬的山水、齐白石的葫芦、张万里的梅竹……几次出游，扩大了交游，提高了画艺。

1948年春天，潍县解放，父亲很兴奋，先是忙于市的画展，又到新青中学去教书。这时我们搬到西城冶房巷去住。这里十几间房舍，两个院落，宅院坐西朝东。父亲在门

齐白石赠画

里又建了一墙，安上了四扇绿屏门，门内有口水井，还有一株小桑树。前院挨窗列植着三棵蜜桃树。后院院中有一棵苹果树，苹果树边下还放着一张石床。靠西窗外人工修了一个小方池，种上荷花和睡莲。南屋北窗下东头种了一棵梧桐树，亭亭玉立，已有十数尺高。北窗下门旁种着芭蕉。父亲这时在东屋里写作，他的《说镜》等书，就是在这里完成的。

1951 年父亲到了北京，在西城北海公园西侧米粮库胡同一姜姓翁媪家租到了一个院落，有北房两间，南房两间，还有西房做厨房，这就是姜家西宅。父亲仍然使用知鱼堂的堂号。院中南窗下又种了一片竹子，因此这儿也称竹屋。父亲使用竹屋，是为了表示自己喜爱竹子，尝在题画中用“竹屋挥毫人”。

院子虽然不大，但是种满了花。南屋前放着一盆铁树，北屋前种着几株芭蕉，还有黄葵、美人蕉、大丽花、雏菊、水柳、玉簪。从我大舅陈元章先生处，搬来鱼缸种上睡莲，从画家洪怡先生处分来红萱草，从音乐家杨大钧先生家移来大丽花名种黄八丈……院中又有一株高大的香椿树、一株柏树和一架葡萄，这里自春徂秋，鲜花不断，阳光下清阴满地，月光下花影扶疏，小雨淅淅沥沥，大雨穿林打叶。父亲是遵循着“故意庭前草不除”和“留得蕉叶听雨声”的意趣，把院子里种得密密层层、浓浓郁郁的，谁也想象不到这么小的院子竟会容下这么多花木。父亲每日工作回家，总要先打扫院子，浇灌花木，以消除疲劳。

京华知鱼堂，父亲在这儿共住了二十年。北屋南窗下放着一张红木书桌，父亲整日伏案写作。当门并放着两张方桌，上面铺着毡子，放着画具，父亲的许多代表作，诸如《大好春光》《河山似锦》《潺潺》《春山行》《月上》《玉兰》《黄山人字瀑》《吉

郭味蕖摄于京寓

20 世纪 60 年代初摄于北京家中

金瑞花屏》等，都是在这儿创作的。屋中常挂着半老（按陈半丁）的一张天竹，齐白石的一张凤仙，还有白石老人给父亲画的虾蟹，宾虹老人给父亲画的山水，徐悲鸿先生给父亲撰写的对联，床旁还常喜欢挂陈老莲的《东篱图》和《觅句图》。前屋中经常挂着于非闇先生的一张工笔花鸟。

父亲在京期间开始对花写生作画稿，经常去公园花圃暖房去写生，画稿积累数尺，但在家中一般只是观察，并不作画稿记录。

父亲在北京度过了二十个春秋，这时生活艰苦，经济上十分紧张，甚至有时出现炊米不继的情形，但父亲精神很好，创作欲十分旺盛。

父亲在最后两年回到家乡潍坊。他本来是要跟随学院去磁县的，但终未获批准前去。父亲尽量把回乡理解为是组织照顾养病，回到了阔别二十年的故乡。

故乡的故旧亲友都来探望，父亲又生活在他们中间。首先是整顿家里荒废的房舍，父亲在前院靠西墙处盖了一间小屋，他是想作为书房用的，和泥打水，勉励为之。盖成之后，仍曰“竹屋”，并写了小匾“爱此茅堂入竹深”挂在屋里，并在此写字作画。这时父亲在信中说：

房子已重新葺茅，可望大雨时不漏矣。屋顶盖麦秸，呈赭黄色，檐角十二个，并檐板全用老僧衣色油油了。窗门同一色，墙为白色。墙基抹洋灰，窗台用洋灰，檐下坐砖檐二层亦用洋灰。全体看来，色彩尚称大方朴素。惜洋灰不够，土地尚未弄好，因此浮棚亦不急着糊了。现已油好门窗，糊了窗纸，又油了窗纸，朝旭初上，屋内明敞舒适。

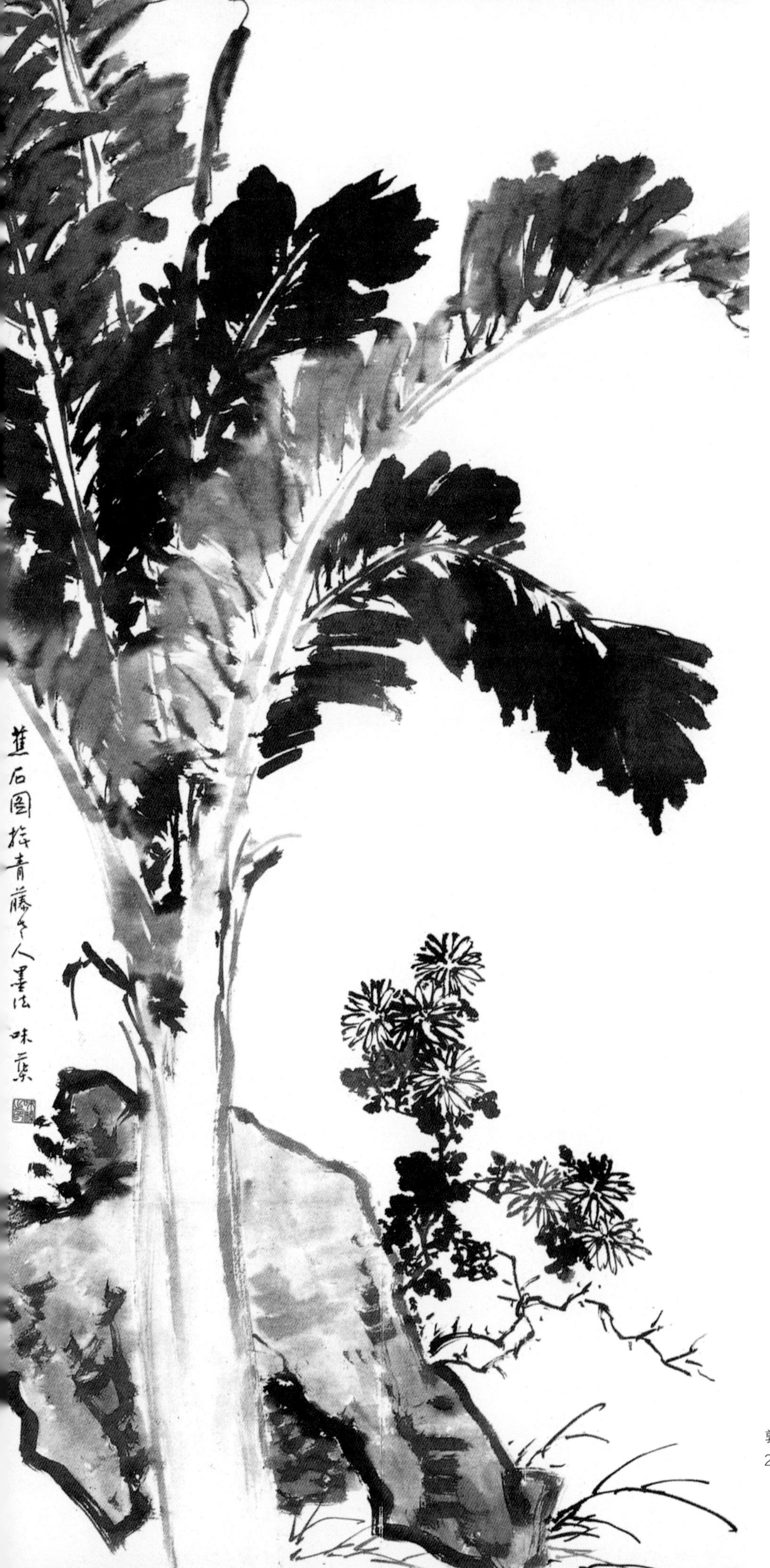

郭味蕖《蕉石图》
20 世纪 40 年代

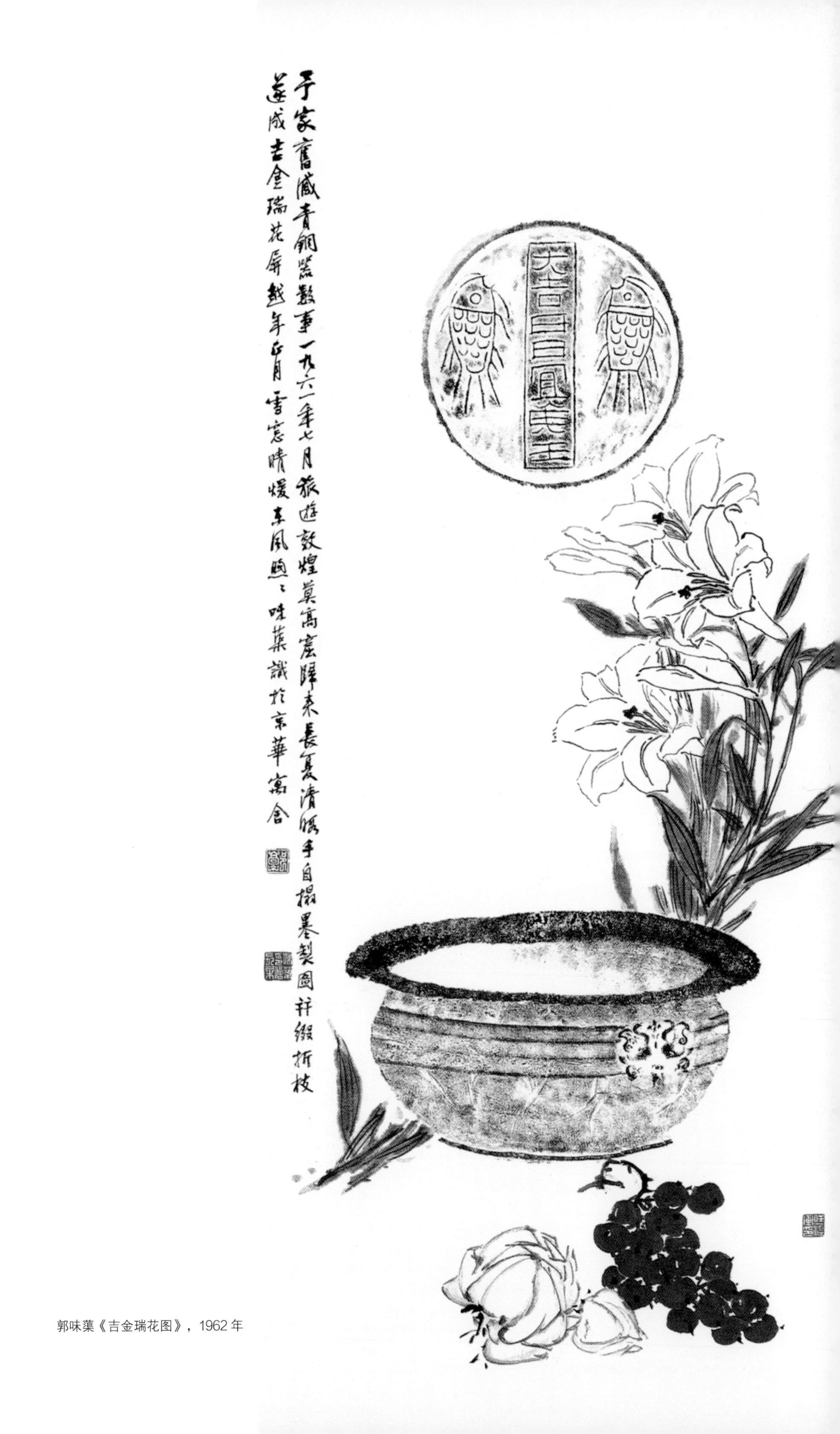

予家舊藏青銅器數事一九六一年七月旅遊敦煌莫高窟歸來長夏清暇手自搨墨製圖并綴折枝
遂成吉金瑞花屏越年正月雪窓晴煖東風
味蕖識於京華寓舍

郭味蕖《吉金瑞花图》，1962 年

草屋盖好，就又着手整理庭院和花木，很快，前院后院种满了花木，家园就呈现了新的面貌。这时在信中说：

窗外秋来雨勤花旺。大理花三棵已高出檐上，发花满枝。一为黄八丈，花大如碟；余为一朱红猫耳朵者，一为紫红间有白瓣淡红瓣者。

大花酢浆草已出花，铁树新发了叶，洋桃剪伐过甚，不旺。又有长春藤和蕨。紫玉簪发花，蓝菊发花如花山。又有串红、黄菊相映带，白玉簪娟洁如玉琢成。

前院荷花已残，池中尚有水莲发花。新种木槿一株甚旺，一天开至三十朵。

前院新种之柳已高出檐上，垂条千尺，槿花如绣，玉簪、水柳、大理花、美人蕉、蓝菊、酢浆正发花，今年已活四五竿竹，亦可稍慰寂寥。

又说：

五一节过去了，潍市天气渐热，廿年离乡，突然感到春长，想长夏天气“山静日长”情趣，当饱尝矣。

前院新种柳一株，已发芽，种木槿一株，种紫荆一丛，又买月季二本种西墙下，希望其能抽长条。又修理了池子，抹灰两遍已能不漏，又补一破缸和破盆，浸水莲二盆。上集买卐字春一棵，又买红百合一棵，加上带潍之水柳，已稍成趣矣。

昨又开拓后院，拟开三畦，新购玉簪二株，已栽好。想竹醉日时，移竹一二丛（已与人家说好），这样有竹影扶疏，门前有柳，池中有荷，又种扁豆与串红、石竹等。唯潍坊芭蕉已近断种，昨日又去公园询问，云只有一株留种矣。看来要由北京移植矣。

又说：

家园秋花甚盛，惜未能尔等共赏之。大理花高出茅檐之上，着花如碗，有黄八丈者，花如饭碗大，大红、朱红、紫红与黄、白花皆全。黄、红美人蕉，高丈许。带回之蓝菊，形成花山。又有串红、黄菊相映带，白玉簪越显得洁如玉琢成。风子草之石青花，配以修篁石笋，亦甚有画意。惜无芭蕉听秋声。

院中又有一株白藤萝，是我从东北购得送给父亲的，据卖者说是从关内带到塞北，我带回京，父亲又带到家乡。1971年春，白藤萝开出点点白葩，十分清丽。

此时父亲仍惦记书画，并学习裱画和自制杆、杖、轴头。

我病中每以书画自娱，自春间学裱画，已有大进益，能托能裱，能裱对联条山，能染纸染绢，能自制棍杆。近中揭裱了陈介祺对和梁山舟对，成绩甚好。又裱了一付陈簠斋朱拓对，今仍在努力中，预计突破裱工夫，无大困难矣。

又说：

离京返潍上，倏已岁余更新，近中始稍

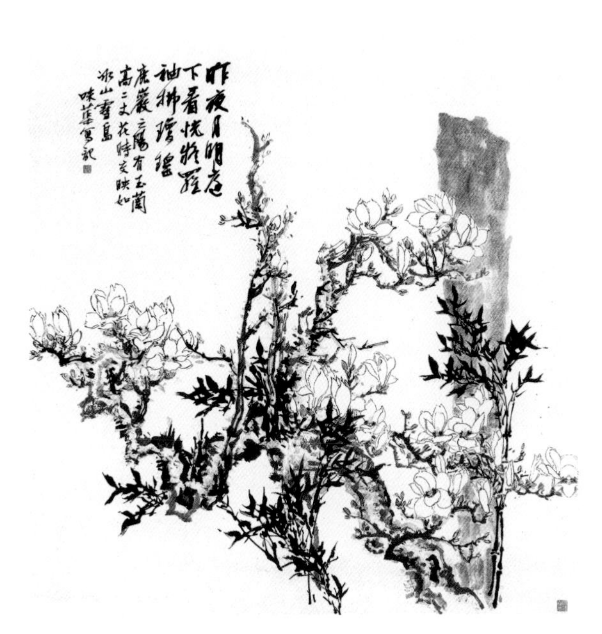

郭味蕖《玉兰》，1962 年

郭味蕖《月上》，1962 年

郭味蕖《田园丰熟》，1961 年

郭味蕖《惊雷》，1962 年

郭味蕖《秋熟》，1962 年

郭味蕖晚年摄于自建画室前

郭味蕖晚年摄于疏园

稍涉及笔砚，荒废数年，刚刚拾笔，颇感退意，当熟悉三五十日后，或可少进。

去年（1970年）宣纸用尽，故不作字画矣。予近中（1971年）在潍购得单宣五尺二刀，价每张一角五分，是处理品，写字作画，可不愁矣。

节日除夕，雨坪赠蜡梅两枝，加上由京带来水仙一头，出箭二枝，对坐晴窗，心情恬淡可喜。

又为孙女萍萍扎绘风筝：“闲中给小萍扎了风筝，蝴蝶和蝉，又到西门外去放，她很喜欢。”

又说：“想开始做点业务方面工作，整理过去之写生画稿，继续前已整理了一半的《百花图谱》完成之。又想把过去写的花鸟画技法再改改完成之。”还又想写些散记。这样父亲用了近两年的时间又整理和重写了《写意花鸟画创作技法十六讲》。他在小记上说：“是书在吾归潍上后以一年零七个月完成之。”

父亲病重时，就只能在卧房中写书作画。他的小屋中四壁挂满了自己裱装的书画。这时还画过几张大画，是人躺在床上，把纸悬于壁间，用竹竿绑着画笔完成的。

从知鱼堂到竹屋到疏园，父亲在这里度过了他一生六十四个春秋。父亲热爱祖国，热爱自然，喜花爱画，渴求知识，热爱劳动。这里简略记述了他的书斋，他的花圃。这里有他钟爱的花木、欣赏的园林、读过的书、看过的画，度过的生活和憧憬的境界。如今，京寓院中绿竹仍旧荫浓，元亮井畔的桃花依然烧灼，父亲所度过的这些岁月，已经积淀成他那众多的著作，已经升华为他那璀璨的画幅。这创造性的劳动，给人以智的启迪和美的欣赏。

郭味蕖《壮心归梦五言联》(局部)

拾遗

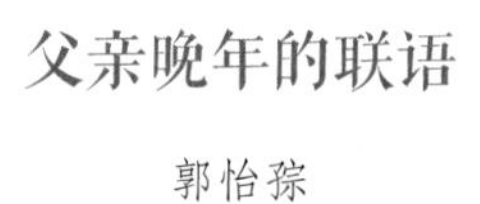

父亲晚年的联语

郭怡孮

我的手头放着一本《知鱼堂联语》，这些联语虽然并不完全是父亲自撰，但比绘画更加全面反映出他的思想、他的襟怀。尤其是晚年逆境中所书的上百副对联，更展现出他对国家、事业的忠贞，对苦难、病魔的态度。今天我从他晚年所书联语中撷取部分，就我所知加些注解，以方便读者感知一位艺术家在他最后生命历程的文化追求。

我的手头放着一本《知鱼堂联语》，这些联语虽然并不完全是父亲自撰，但比绘画更加全面反映出他的思想、他的襟怀。尤其是晚年逆境中所书的上百副对联，更展现出他对国家、事业的忠贞，对苦难、病魔的态度。今天我从他晚年所书联语中撷取部分，就我所知加些注解，以方便读者感知一位艺术家在他最后生命历程的文化追求。

在父亲生命的最后一年，他书写的对联越发多了起来。正月十四是他的生日，他写下“长揖谢时望，高歌掩敝庐”。“谢”本是道歉、拒绝的意思，“时望”是指当时的声望。这里让我们看到了一位身残志坚的老人，在黑白颠倒的年代不甘同流合污的品格，看到了他在逆境之中坚韧不拔的决心。“高歌掩敝庐”一句是我祖父的诗，这一天，老人想起了他的父亲，想起了这个家族的文化追求。

“比岳家军从天而降，如黄河水导海以归”是赵之谦送给我高祖父的联句。我的高祖父郭恩观（藕汀）与赵之谦交厚，极喜赵之谦作品，赵氏既为治下，所作均极精心。这是父亲晚年所书对联中尺幅最大的一副，是他生命最后节点壮志雄心奋发自励的写照，我们把它刻在了他的墓石上。

辛亥二月，大雪纷飞，父亲病情加重，但却是书画最多的一个月，几乎每天都有创作，他自己在信中说：

今春二月五日，大雪三日近尺矣，屋木一片皆白，引起画兴。每日强起作字作画，虽下肢肿胀，亦不顾也。现仍服药中，唯期早日痊可也。

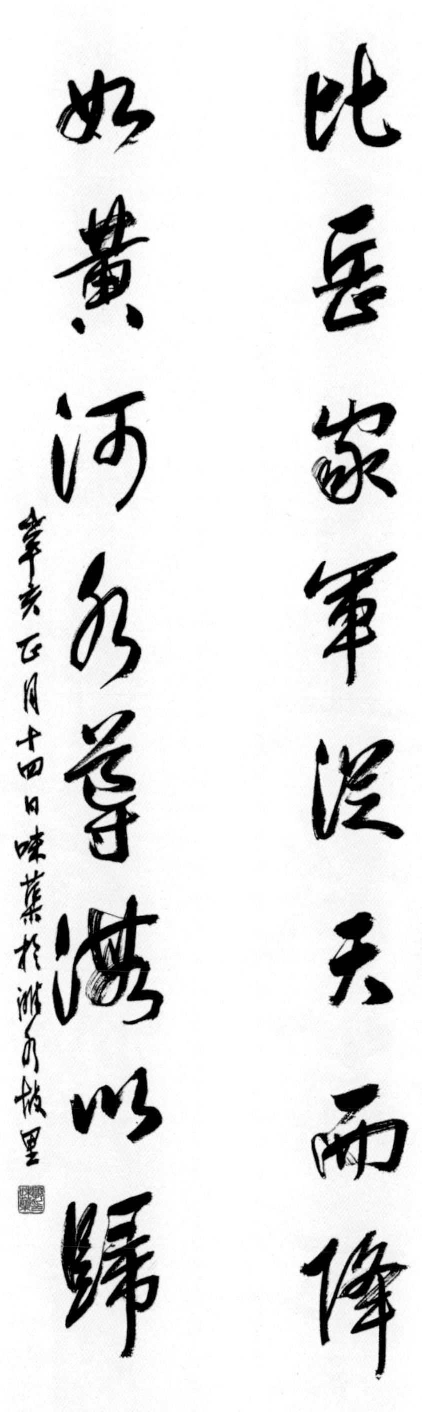

郭味蕖《比岳如黄八言联》

郭味蕖《宋刘潜夫后村集中句》

郭味蕖《鱼龙犀象七言联》

我摘取一些，大家可以读出他此时的心情。

半生笔墨常自苦，何必要人粗见知。辛亥花朝，蕖翁味蕖病起。

冰翼碧云开图画，黄山白岳生龙蛇。辛亥二月，味蕖病起。

修心如止水，遇物尽虚船。有感于庄叟《山木》之言。辛亥二月养疴里门。

鱼龙鼓浪舟浮叶，犀象妆潢笔缀花。此虹庐老师为予所书古籀联语也，辛亥二月养疴里门，味蕖雪晨乘兴。

“虹庐”是黄宾虹的号。宾虹先生是父亲的老师，与郭家祖辈即有交谊。他与我高祖父的堂弟、金石收藏家郭恩坚（闻庭）同为上海金石团体“贞社”成员，关系密切。黄宾虹对陈介祺又极其崇拜，当年郭恩坚带着簠斋拓本二十四巨册，赴沪与黄宾虹谋付梓行未果，但让黄宾虹得见簠斋许多未曾面世的拓片。我的外祖父陈文会（礼臣）先生又是簠斋曾长孙，与罗振玉、柯劭忞、易大厂、王国维、丁佛言、寿石工、马衡、姚茫父、徐森玉、陈半丁等同是北京金石组织“冰社”成员，因此父亲与金石前辈多有交往。1937年父亲入古物陈列所国画研究室，拜师黄宾虹学习书画及鉴考之学，深得黄老器重。黄老书赠父亲的联语“怪石尽含千古秀，春光欲上万年枝”“乐章和美歌龙友，笔力鼎盛称虎儿”都有提携奖掖之意。

白日掩荆扉，虚室绝尘想。君绮喜读陶诗，即书此为赠。辛亥二月十五日于潍上故里。

这是父亲写给母亲的对联，父亲晚年病卧家乡，全靠母亲照顾，他们相濡以沫，共担时艰。

母亲从小养成坚强性格，但此时身心疲惫，愁眉不展。父亲在给母亲画的画上题：“予偕君绮岁己酉除夕自京华归潍上，君绮念子女心切，常郁郁不乐，予因仿懊道人此幅，以冀引其一开口耳。”又作蕉竹图，上题“墨笔漓漓千百幅，报答平生未展眉。辛亥为君绮。”

辛亥春末，父亲病情加重，在床上躺了七十多天，全靠母亲照顾扶持，七夕的这天，父亲创作了山水册页《归帆》作为报答，并作长跋述说深情。

父亲写给母亲的对联还有：

山静似太古，日长如小年。君绮论证。辛亥伏日，味莲疏园雨中。

此时父亲已病得不能步履，他有意把名字中的“蕖”字写作“莲”，“莲”与“蕖”通，芙蕖之谓也。

案上龙尾砚，枕边凤头钗。砚出自婺源龙尾山，宋苏轼有“集幽光于毫端，散妙迹于简册”之语。砚为君绮嫁妆中物，莹润如玉，发墨无声。宋欧阳永叔有“水精双枕，旁有坠钗横”词句。君绮论正。辛亥二月十九日。

母亲出身潍县“相府”陈氏，大家闺秀，

郭味蕖《花卉》

二十岁嫁到郭家，陪嫁即用文房四宝。母亲一辈子重视文化，是父亲艺术上的知音，难怪父亲也“师之畏之”。父亲这两句诗，既写出了母亲的出身，追求的文化高度，更写出了他对母亲的深情、对母亲的尊重。只是这美好的词句，联想到当时悲惨的境遇，真的让人心痛。

父亲在卧病期间，不能写书画画，回顾自己昔年壮游经历，又自作了许多联语。他在给二哥的信上说：

我病卧床，汝母朝夕护视，大小便护理，饭吃操做，还要开会等，甚为劳瘁，深为感愧！

我近中想些书看，苦手中无书。你从前

郭味蕖《归帆》长跋

函授之讲义，在此有隋唐五代及辽宋金元二册，如有明清本，可寄我一读。如关游纪者，亦可当卧游也。又有关古代诗词书亦望寄我一看。我还去信向老四要要。

看窗外花草，恨不得灌溉剪修，甚为焦念也。久日无雨，甚望望。

卧床想旧日游踪，集数十联，兹书出数付阅之：

扶筇跻天都，扪萝探桑康。

泰山观浴日，长江踏落虹。

胸荡黄山云海，目迷太湖风帆。

落月霜天寒山寺，细雨长林拙政园。

喷雪百丈九龙瀑，丛篁十里苦竹溪。

系揽二十四桥探平山胜迹，攀索三十六峰穷白龙奇观。

空怜六朝艳迹，秦淮画舫沉夕照；犹忆三月烟花，广陵红桥听笙歌。

濯足桃花涧，振衣天都峰。

长廊卧波，碧水青山竹索桥；雪峰连云，扪参历井玉垒关。记川西由离堆伏龙观望都江堰一带形胜。

茅椽迎朝晖，访拾遗祠堂，绕溪芙蓉百花潭；古井抱斜阳，问校书门巷，满园筱荡濯锦楼。纪蓉城胜迹。

力疲不能多字，续谈。

父亲生前，忙于创作教学，出去的机会并不多。1959 年随北京市美协赴南京画展交流，顺便访问无锡、苏州、太湖；1960 年为创作人民大会堂山东厅装饰大画，应山东省政府邀请回山东各地采风；1961 年带美院学生赴敦煌考察实习，途经洛阳、华山、兰州；

郭味蕖《拟毛泽东〈水调歌头·游泳〉意》

郭味蕖《墨竹芭蕉》

郭味蕖《兰州黄河水车》

1962年带美院学生去黄山写生；1963年去四川、重庆写生，归途顺江直下武汉。这几年正是父亲艺术上开宗创派，教学中身体力行的阶段，故印象极深。他晚年追忆壮游的联语还有：

芒鞵竹杖寻天女，雨笠烟蓑问牵牛。曩偕中央美术学院学生六七人趋黄山实习，高山珍葩有天女花者，瓣九出，莹浩如玉。自清凉台直下三百级，在去松谷庵路上获见，丛生数本，临风招展，婀娜多姿。越日访后海，途中忽大雾，不辨东西，问山耕青年社员始达排云亭。归途得句，不计工稳，聊记游踪耳。君绮论证，辛亥二月廿二日。

身历华岳千寻秀，手种垂杨十丈丝。辛亥暮春于潍上疏园。

饱看祁连山色，卧听巫峡江声。辛亥夏初于潍上疏园。

碧水青山都江堰，扪参历井玉垒关。辛亥午日潍上疏园。

太华峰头数瀑布，青城山中待月明。辛亥端午后一日。

道士三杯茅栗酒，先生一杖苦竹溪。纪昔年黄岳、青城之游。辛亥重午后一日病起于疏园。

离堆畅饮豆花酒，黄岳试浴菩叶汤。川西人家每喜设豆花宴，黄山乡民尝以菩叶入温泉以浴。

每忆西子笭箵雨，且喜莫愁菇蒲风。纪西湖、莫愁湖旧游。

制锦古称蜀江水，种花今有草堂人。

朱楹翠栋华岩寺，古木丛篁望江楼。纪

山右、川西之游踪。

何处丞相祠堂锦官城外柏森森，道是校书门巷望江楼下竹青青。纪蓉城旧游。

茅椽迎朝晖访杜公祠堂绕溪芙蓉青羊宫，古井抱斜阳问薛娘门巷满园筱簜濯锦楼。纪蓉城胜迹。

泼墨漓漓吐块垒，渴笔淡淡抒性灵。

父亲晚年的联语，是他心头郁积的抒发，也是他自强不息的写照。他刚刚回到家乡的时候，就写下“壮志不随华发改，豪情时从斑管生，借林文忠公句”来抒发自己的壮怀。“壮志不随华发改”是林则徐晚年致仕时，别滇中同仁所作四首诗中的一句，林则徐把它分赠友好，我的先祖郭梦龄亦收到一件，父亲的书画录中有记。父亲正是要向这些爱国志士学习，把他对于国家、民族的衷情，对于人生、事业的深情，通过诗句表达出来，

江山形胜归图写，今古诗篇付品评。

父亲晚年的诗联展现出他的思想，他的才情，他的决心，他的热爱。他顽强地与病魔抗争，刻苦自励。在生命最后一年里，他抓紧时间完成了《写意花鸟画创作技法十六讲》这一毕生教学创作的总结，又将自己的文章整理成《疏园集》《散翁散记》两部合集，同时创作了几百幅书画作品。

郭味蕖《江山今古七言联》

语带烟霞从古少，学如耕稼到秋成。辛亥大暑潍州疏园挥汗。

他多么想获得收获的季节，但留给他的时间已经不多了。

清风随兰得，急湍抱竹流。辛亥十月之望于潍水故里。

这应该是他有明确日期的最后作品，写于他去世前的二十天。此时他还在墨笔兰竹长卷上题：“使文与可、苏子瞻、李息斋、吴仲圭见之，亦当掀髯相许，把袂入林也。”

父亲是突然中风，昏迷十多天去世的，当时他正做着回京的准备。

壮心千里马，归梦五湖波。辛亥藁翁书倪云林句。

在父亲逝世五十周年的日子，即用此联作为本文结尾。

（因篇幅限制，本文有删减）

郭味蕖《壮心归梦五言联》

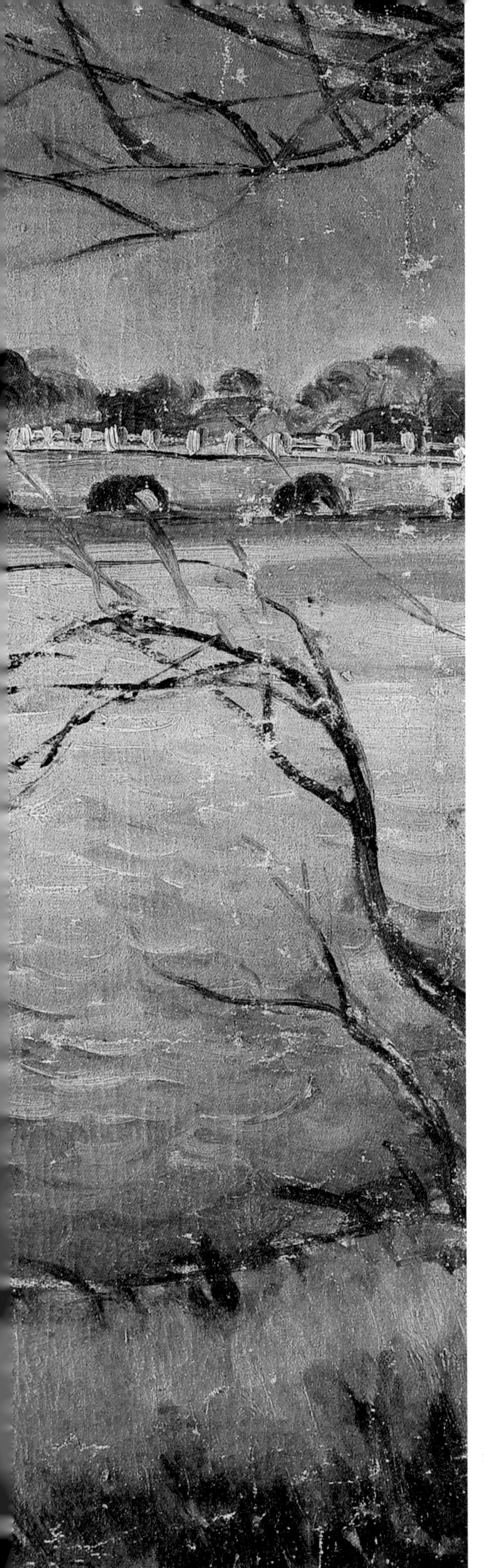

拾遗

郭味蕖的西画新学之路

郭远航

在新文化运动的启迪下，1929 年青年郭味蕖负笈上海，开始了他西画新学的求知之路。

他十年的西画学习历程开阔了他的胸襟，拓宽了他的视野，完成了他从一位世家子弟向时代青年的转变，也为他后来变革中国画提供了丰富的储备。

郭味蕖《北海金鳌玉虹桥》（局部），布面油画，1932 年

20世纪20年代陈抱一和夫人在江湾画室

在新文化运动的启迪下，1929年青年郭味蕖负笈上海，开始了他西画新学的求知之路，并决定从此一生从事美术事业。

他在《关于花鸟画的学习和创作》一文中回忆：

读中学的时候便参加了上海美专函授班学习，三期毕业。开始学擦炭画，继而西洋水彩，往返地函寄画本、范本，这使我以后很顺利地考取了上海艺专。[1]

与同时期来沪学习中国画的同乡画友徐培基、于希宁不同，郭味蕖此时完全沉浸在西画的学习热情中。上海艺专刚刚开办不久，教师水平和办学理念均属超前，学生从全国各地慕名而来。更有从上海美专转学过来者，后来担任广西艺术学院院长的阳太阳便是其中之一，他在《恂恂长者，谆谆教诲》一文中这样回忆：

在上海美专学习的第二年，我看到上海艺专的艺术空气浓厚，朝气蓬勃。听说在该校任教的陈抱一是一位好教师，油画画得很好。校长王道源的画也不错。学校陈列师生作品，还挂有日本画家的画作。我十分向往，便和杨秋人一起在1931年离开上海美专，转到上海艺专学习。

上海艺专设在闸北天通庵路，校长王道源曾留学日本东京美术学校，与抱一先生早就相识，两人又都娶了日本夫人，所以关系十分友善。抱一先生对上海艺专办学给予了很大支持，出力又出钱，连绘画的石膏模型、静物用品、摆画用的衬布都从自己家里拿出供学校教学使用。抱一先生与日本美术家交往密切，常请日本的画家来校讲学，使上海艺专呈现出活泼的局面。[2]

对于上海艺专的新兴气象，学生梁锡鸿在后来发表的《中国的洋画运动》一文中，

郭味蕖《静物》，布面油画，1931 年

也有如下回忆：

（民国）19 年，上海江湾，有上海艺术专科学校创立，王道源为校长，陈抱一、方干民、谭抒真、倪贻德、陈之佛、中川纪元、长谷川升任教授，该校在艰难困苦中挣扎着，当时美术青年，都在死气沉沉地做着传统技法的模仿，毫无独创的精神，而只有上海艺专却以新鲜蓬勃的朝气，接受了世界画坛上的新兴艺术底思潮，做着各种技法的尝试，造就了许多实力充实的新兴人物。

上海艺专的创办人王道源是一个精力充沛的理想者，在留学东京时，他就对倪贻德说："现在是我们养精蓄锐的时候，等我们回国以后，一定要去做一番新的艺术运动。"学校草创，他每天除了办理校务之外，下午就和一班工人在校舍前面的广场上，做着挖泥、栽树、铺草的工作，他计划着几年之后，使这个地方成为绿树成荫、繁花满地的理想乐园。在他的设想中，上海艺专不仅要推动纯粹绘画的发展，也要致力于商业美术、建筑、工艺美术等方面，建成一所德国包豪斯式的学校，

1938年，倪贻德（右一）、王道源（右二）、陈抱一（右三）合影于香港

青年郭味蕖

他把这项宏伟工程称为“百万元育才计划”。在他的主持下，巴黎画派、爵士音乐很快成为这所自由校园的招牌。

上海艺专开校之后与东京的文化学院保持着频密的交往，东京文化学院的洋画教授中川纪元、有岛生马、长谷川升等人在20世纪30年代初期先后访问过艺专，这所学院的学生太田贡、田坂乾等人也曾短期驻访，中日洋画界一时迎来交流的盛况。太田贡在回到日本之后著文追忆了上海艺专的美好时光：

学校除了绘画专业之外，还有音乐专业，总是能听到钢琴与小提琴的声音，其热闹的程度真的给人一种文化学院的感觉，校舍也能够让人体会到新兴的氛围。当时学校的宿舍还在增建中，晚上能够听到胡琴的演奏。一到新学期，看到了刊登在《申报》和《时事新报》上的招生广告的新生不远万里前来报名。有些甚至是从四川、广西边界的深山里费了一两个月的时间才赶来的。这些学生从口袋中掏出好像在地下埋了很长时间的钱币，来缴纳学杂费。[3]

在春季五月和秋季十月，学校分别安排一次写生旅行，时间为两星期左右，地点一般选在西湖或是苏州。太田贡曾经在1931年春与艺专师生结伴去过西湖，他写道：

上海美术专科学校的写生团也来了，还有本地国立艺术专科的学生，大家在一起互相较着劲地进行创作，再加上当时的游客，整个西湖湖畔变得热闹非凡。[4]

太田贡注意到，与上海艺专相比，西湖国立艺专的学生似乎缺少个性，一味地模仿林风眠等人的作品，学校教师中“有六七个曾在法国留学的人，多半还带着法国太太，但是他们看上去好像是在巴黎学的同一个专业”。

郭味蕖选择上海艺专也是看到了艺专的新和活泼的生命力，他如饥似渴地学习西画的一切表现技法，通读西方艺术理论著作，又与同学一起去杭州、苏州写生。

一年后的首次展览就为他们赢得了赞誉：

上海艺专1930年12月11日举办了第一回学生成绩展览，获得了空前成功，当年《申报》就此展览连续刊发的评论文章达到十余篇，艺专师生备受鼓舞。陈列的八百余件

郭味蕖《北海金鳌玉虹桥》，布面油画，1932 年

作品中，包括了导师王道源、陈抱一、倪贻德、关紫兰、朱应鹏以及秋田义一、中川纪元、小川七五三二、梅原龙三郎、长谷川升等日本画家的作品。而同期举办的上海美专学生成绩展览会“千篇一律的灰色”与艺专“个性‘创作’的光芒”恰成对比，相形之下逊色不少，老牌的上海美专不敌新锐的上海艺专，论者认为这是后者在个性化教学上取得的成功。[5]

郭味蕖的作品也受到称赞，当时有日本旅沪学者在报上撰文评价上海艺专的校展，特别提到郭味蕖的苏州写生画得好。

1931 年 6 月 29 日鲁迅偕日本友人增田涉专程前往陈抱一主持的上海艺专观看画展。因此当时上海艺专不但艺术上独树一帜，思想上也颇为超前。很多学生都追随鲁迅，到家中拜访，听他的讲座，郭味蕖也是其中之一。在上海读书期间，受鲁迅、田汉等人左翼文艺思想的影响，郭味蕖思想追求进步，与革命文艺者多有交往。特别是与同乡、早期革命美术家张眺建立了互相信任的友情。

张眺字鹤眺，笔名耶林，作家、诗人、画家。1901 年生于山东潍县寒亭，1927 年加入中国共产党，早年于济南、青岛等地从事革命活动。1929 年张眺到上海，继而考入国立杭州西湖

1929 年郭味蕖在杭州写生

艺术院习画，因领导进步同学组织“一八艺社”和“泼波社”被捕，经校长林风眠和法籍教授克罗多保释出狱。1930 年转赴上海，先后任中国左翼作家联盟党团书记、左翼美术家联盟党团书记，是左翼文艺运动领导人之一。1932 年受中共中央派遣赴闽浙赣苏区工作，任闽浙赣省苏维埃政府文化部长。1934 年牺牲在苏区，年仅 34 岁。

据郭味蕖夫人陈君绮回忆，张眺与郭味蕖堂兄为同学，由于喜欢美术，与郭味蕖早有交往。郭味蕖在上海读书期间，张眺也住在上海艺专附近，经常到郭味蕖住处。出于信任，他常常把传单和文件藏在郭味蕖的床下，并嘱咐他不要动，有时就说一句“放下东西了”。郭味蕖心领神会，默默地支持着张眺的革命活动。

受革命思想的影响，郭味蕖积极参加青年学生的爱国运动。上海求学的三年期间，他如饥似渴地接受新文化、新思想和新艺术。他不断购买进步书刊，阅读后寄回家中，时常与妻子书信往来，把这些新的观念讲给妻子听。

陈君绮老人后来回忆说：

味蕖在沪虽然没有直接参加左联，但深受感染，爱上了普罗文学。各国的进步书籍什么都买，尤其喜爱鲁迅、郁达夫、郭沫若、蒋光慈等人的书，出一册，买一册。买书都到租界去买。书看完后，马上邮寄到家里来，我随时都有新书看。潍县邮局并不检查，一是熟人，二是想不到我们家能看普罗的书。味蕖最钦佩鲁迅先生，无课就到内山书店去，并能遇到鲁迅先生，有时（先生）给拿书，还能谈话，打听先生何时何地在哪里演讲，只要知道了，就约着同学们一块去听。[6]

从遗存下来的书籍中，我们可以见到郭沫若翻译的《战争与和平》、冯雪峰翻译的蒲力汉诺夫的《艺术与社会生活》、上海北新书局出版的中英文对照的《屠介涅夫散文诗》、

郭味蕖《水乡》，布面油画，1930 年

潘家洵翻译胡适校对的《易卜生集》、上海开明书店的柴霍甫（契诃夫）的《黑衣僧》、受到列宁称赞的法国进步作家巴比赛的《光明》、郁达夫的《屐痕处处》等。

这些书籍使郭味蕖更加深刻地认清艺术与生活、艺术与社会的关系，拓宽了他的思想。后来这种新思想直接影响到他的长子郭基琮，解放战争时期从北平辅仁大学奔赴解放区参加革命。

此时陈之佛先生刚刚从日本归国，担任郭味蕖的图案科老师，

郭味蕖《山村》，布面油画，1930 年

郭味蕖《人体》，布面油画，1930 年

郭味蕖从陈老师画了许多图案设计。

郭味蕖对陈之佛先生有很深的感情，1962 年 1 月恩师陈之佛逝世，郭味蕖作诗悼念雪翁夫子：

嗟我夫子，明洁庄中。

一夕奄忽，百思莫穷。

夙钦清芬，时承教诲。

师范艺苑，式型永垂。

海云新月，邓蔚春风。（1961 年为余作梅花山茶立幅）

神兮寂兮，长怀遐踪！

学生王晋元曾撰文回忆：

郭先生在生活中极重师生之情，有些事给我们印象很深。一天，郭先生来上课，情绪不高，当时我们觉着奇怪，怕他身体不舒服，劝他休息，他最后说："我身体没什么，你们知道，我的老师陈之佛先生去世了，我很难过。陈之佛先生，人品画品都极高，他是我真正的教师，对学生极好！"我们当时听了也都默然了。他的心情我们很能理解。陈先生在天之灵，大概会知道，他的一位学生，在为他的逝世悲泣。[7]

郭味蕖

郭味蕖夫人陈君绮在家中读书

郭味蕖架藏书籍

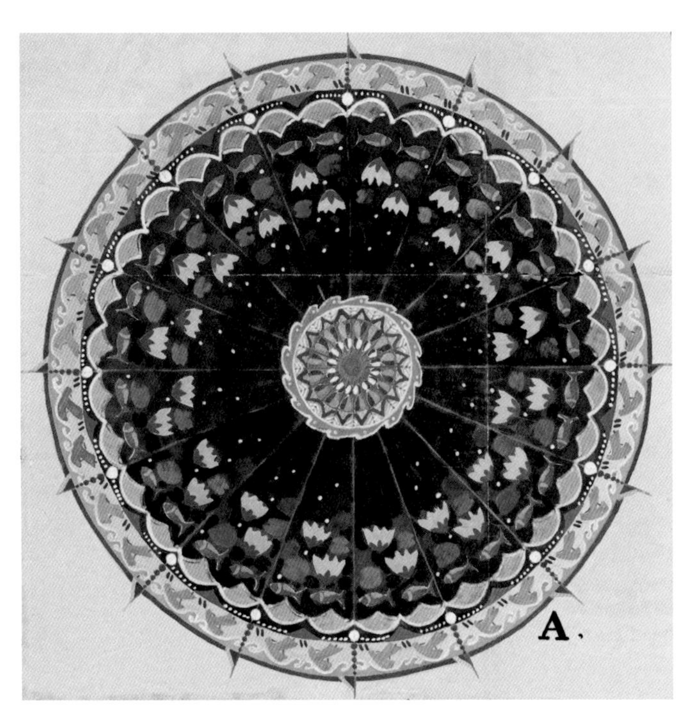

郭味蕖《伞》，设计，1931年

郭味蕖《都市之夜》，插图设计，1930年

“九一八事变”爆发后，此时郭味蕖在上海积极投身到抗日宣传活动中，静坐、写抗日标语，支援南京请愿的同学。郭味蕖曾记述道：

1931年秋，日本帝国主义发动了“九一八事变”，日本侵略军占领了我东北三省，上海各大学投入了抗日救亡运动。整日忙于开会，就不可能静下心来学习了。[8]

上海艺专在“一·二八”淞沪抗战中被日军飞机炸毁，学校停办。此前郭味蕖已经毕业，作为家中独子，奉母亲严命返乡。他雇船满载着学习期间创作的大量油画、水彩、素描作品，和购置的图书资料、画具，告别老师和同学，由沪北上，经青岛返回潍县家中，内心充盈着依依不舍和怅惘。如果不是“一·二八事变”，他也许会留在上海，进而留学东洋。就学期间，他曾聘请日本女教师教授日语，开始了留学的前期准备。就像他的同学杨秋人、李仲生一样继续追寻西方艺术的真谛，那他的艺术之路可能与后来完全不同。

上海艺专的朝气仍在延续，最直接的代表就是1932年“决澜社”的成立，其主要成员几乎一半出自上海艺专，怀着挽狂澜于既倒的决心，追求用新的技法来表现时代精神，彰显出现代绘画的气息。

西画的学习经历对郭味蕖的影响是巨大的，作为潍县城第一个接受油画正规训练的青年，他从传统的文化家庭走出来，到上海去接受新文化、新思想的洗礼，对他的思想、他的生活都有巨大的改变。

他倾心进步，阅读普罗文学，自感“是一个站在时代前线的青年”，同时他的生活也开始西化。他把家中的传统小楼改为画室，落地窗、窗帘和墙壁都是绛红色调，墙上挂着他画的女性裸体油画；他西装革履，学习摄影，拉小提琴，在当时的潍县都让普通百姓感到惊奇。这一切反映了他当时的求新求变的思想。

但从小打下的良好的诗书文化基础使他对传统文化并没有放弃，中国画的学习也没有中断。在沪期间，因同乡好友徐培基的介绍，与著名美术史论家俞剑华先生结下了终身的友谊。他毕业回乡做短暂停留，随即选择去了省城济南。带着大批油画和国画作品，在济南青年会举办毕业汇报展出，颇得好评。王献唐等文化名流都去参观，这使他很快地谋到山东省立第一乡村师范美术教师的职位。这是一所进步学校，学生中就有后来潍县解放时第一任市长姚仲明，学生们对这位上海归来的青年教师也非常崇拜。

郭味蕖的艺术在当时是先进的，是具有革新精神的新生力量。他的油画从莫奈、梵高、高更等印象派画家入手，作品多是人像、人体、静物和风景，明显带有现实的情感、浪漫的色彩和忧郁的力量；他创作的大量插图设计和图案作品，也清晰折射出当时社会新思潮

1932 年“决澜社”成员在中华学艺社举行第一次展览会时合影。后排左起庞熏琹、杨秋人、阳太阳、倪贻德、周多，前排右起段平右

郭味蕖上海艺专毕业像

郭味蕖《采萧集》封面设计，1930 年

郭味蕖《归航》封面设计，1931 年

郭味蕖《静物》，布面油画，1930 年

的影像；而国画虽多半是临摹作品，深受与郭家祖辈交往密切的赵之谦带有创新风格的影响。这种中西兼通、双管齐下的艺术道路，为郭味蕖后来变革中国画打下了牢固的思想基础和技法观念的储备，最终助成了郭味蕖对中国画创新的求索和创造。

用先生自己的话说：

我在上海艺专学习的几年，广泛地吸取了有关世界文学和美术的知识。这时在美术方面，除了学习实践西洋画创作以外，也钻研有关中国和西洋的美术史论以及世界名画家的传记和创作。当时我也深深喜爱上了文学，我读了许多我国翻译出版的世界文学名著，如十九世纪末二十世纪初期俄国托尔斯泰、屠格涅夫、高尔基等人的作品，法国巴尔扎克、左拉、莫泊桑的小说，挪威、日本文学家的小说和戏剧，希腊、印度的神话寓言以及英、法、俄、日等国家的文学史等等。特别是我国文化革命的主将鲁迅的作品，和当时左翼作家联盟出版的期刊，读后给我很大的启发。我也曾两次去上海艺大厅鲁迅的讲演。当时我自己觉得还是一个站在时代前线的青年。[9]

郭味蕖十年的西画学习历程开阔了他的胸襟，拓宽了他的视野，完成了他从一位世家子弟向时代青年的转变，也为他后来变革中国画提供了丰富的储备。

1《郭味蕖艺术文集》，人民美术出版社，2008年，第902页。
2 陈瑞林《现代美术家陈抱一》，人民美术出版社，1988年，第137页。
3 臧杰《民国美术先锋 决澜社艺术家群像》，新星美术出版社，2011年，第194页。
4 臧杰《民国美术先锋 决澜社艺术家群像》，新星美术出版社，2011年，第196页。
5 广东美术馆编《梁锡鸿：遗失的路程》，岭南美术出版社，2006年，第11页）
6 郭怡孮《画家学者郭味蕖纪年》，人民美术出版社，2008年，第52页。
7 张维《王晋元传》，荣宝斋出版社，2020年，第94页。
8 郭怡孮《画家学者郭味蕖纪年》，人民美术出版社，2008年，第53页。
9 郭怡孮《画家学者郭味蕖纪年》，人民美术出版社，2008年，第46页。

拾 遗

点点滴滴
——谈潘天寿教育思想实施之不易

卢 炘

1957年至1966年将近十年的时间，浙美老先生群体发挥了巨大作用，形成了中国画高等教育最强的一座堡垒，潘天寿教育思想得以全面实施。事后见到的是辉煌成果，过程却有种种艰难。本文罗列一些细节，漫谈潘天寿教育思想实施之“五个不易”。

1957年4月，潘天寿复出担任浙江美院副院长，邓白任中国画系主任半年后，吴茀之出掌国画系，加上诸乐三，一个被称之为中国画“浙美三老”时代开启。至1966年将近十年的时间，浙美老先生群体发挥了巨大作用，并形成了中国画高等教育最强的一座堡垒，潘天寿教育思想得以全面实施。事后见到的是辉煌成果，过程却有种种艰难。本文罗列一些细节，漫谈潘天寿教育思想实施之“五个不易”。

重新出山不易

回顾这个节点，1956年的批判民族文化虚无主义无疑十分关键。没有纠偏就没有潘天寿的复出。在此先引几段资料。

遭受冷落

早在1948年潘天寿辞去国立艺专校长，开始专心教学和创作。1949年5月杭州解放，国立艺专新领导接管学校以后，限制学生研习传统中国画，相关教授遭到冷落，黄宾虹甚至打算退休回安徽歙县故居去。

华东分院举办师生画展，“黄宾虹的山水画挂在暗角里，潘天寿的画挂在走廊里，被风吹得飘曳不定，发出泼剌剌声响，黄宾虹神情黯然，说：‘现在他们不需要我们这套了，还不如回乡种地。’”[1]

中央美院华东分院将潘天寿、吴茀之、诸乐三等老教师赶下讲台，并受到排挤。

1951年7月，学校行政领导无故取消诸乐三教授头衔，改为教务科职员，取消研究费，工资减半，一家六口，生活十分困难。其间曾萌生退意，经黄宾虹、潘天寿相劝仍在校留任。诸涵退学找工作。（参见《诸乐三日记》）

1953年学院成立民族遗产研究室，潘天寿兼任主任，与吴茀之、诸乐三等收购、鉴定民间藏画，分类造册，装裱修整。不让上讲台授课，却要求他们每月交画三件。[2]

1953年10月，潘天寿赴京出席中国文艺工作者第二次代表大会，受到毛泽东等政府领导人的接见。作品《青蛙竹石》参加第一次“全国国画展览会”。1955年6月12日至7月11日，彩墨画系组织师生，潘天寿、吴茀之、诸乐三、潘韵、朱金楼、方增先、宋忠元及工友张阿明一起八人赴雁荡山写生。受冷落的情况有所改变，但依然未能上讲台。

是谁反映？

20世纪50年代初出现的民族虚无主义倾向，否定中国画具有普遍性，从1950年延续了好几年，到1956年得到纠偏。

1956年4月，在中央政治局会议上毛主席提出：“艺术上‘百花齐放’、学术上‘百家争鸣’应作为我们的方针。”周总理在浙江省人民大会堂做了反对民族虚无主义的报告，并传达了毛主席的指示，指出中央美院华东分院对潘天寿等老先生不公正对待。有关档案记录如下：

中央发现美术界对民族传统遗产不够重视，毛主席来到了杭州，浙江省委汇报了美院领导强调社会主义现实主义，强调政治，结果影响了国画的发展，党外人士很有意见。

毛主席听到这里，脸色一沉，突然插话：“强调政治就不要国画了吗？政治工作就是要团结更多的人搞国画！把那些人找来，审查他们的党籍，看他们是不是共产党员？国民党可能还好一些，国民党也要国画嘛！不是共产党，又不是国民党，是什么党？我看是第三党。”

过了一会儿，毛主席又说：“他们就是形而上学，不讲辩证法。他们是单干户，老寡妇，世界上寡妇总是少数，男人女人总是要结婚的，男女结婚就是辩证法。阶级斗争、革命就是辩证法嘛！过去斗争地主，现在地主改变了成分，又要团结。‘二百’方针也是辩证法嘛！不要怕世界上出妖怪。”（浙江美术学院档案，毛主席在吕志先同志汇报浙江思想工作时的插话）

6 月，文化部发函督促学校改变对潘天寿等老先生的不公正对待。

事情出在杭州的中央美院华东分院，毛主席远在北京怎么会知道的呢？到底是谁反映到中央去的？直到去年，我们从诸乐三的笔记本里看到，1953 年他儿子诸涵就已经写信给华东文化部反映了情况，华东文化部复信给诸涵已经转给学校处理了。（1952 年诸涵转学中央美院。）为此，华东分院领导还专门叫诸乐三去训话，说他没有管好儿子。

诸涵后来又通过同学李济深的孙子向其父亲反映，随后有了费孝通、潘光旦等政协委员向中央反映华东分院老教授不受重视的情况。这才有毛主席的讲话，周总理到杭州传达之事，而且中央政协文件直接转给了华东分院督办。

民族文化虚无主义倾向得到纠正以后，传统文化开始重视，老教授们陆续回归中国画教学岗位。可以说没有这个纠偏过程潘天寿也不可能复出当校长，也就谈不上潘天寿教育思想的实施了。事发反右派运动之前。后来的反右斗争把民族虚无主义这件事归罪于所谓的右派，斗争扩大化，错打了一大批人，那是另一码事。

恢复系名不易

中国传统讲究名正言顺，潘天寿等老先生对彩墨画系的系名一直感到莫名其妙，他们一上任就决定改名。彩墨画系这个名字在该校仅仅存在了两年。

1957 年 11 月 7 日，潘天寿召集彩墨画系全体教师开会。会议上全体举手通过系名改称“中国画系”，简称国画系。至 12 月 24 日，原中华人民共和国文化部或当时的批准中央美院华东分院彩墨画系改回中国画系，邓白任系主任。

在彩墨画系时期，系主任朱金楼曾经让潘天寿出一份学生阅读书目。这份完成于 1955 年 4 月的潘天寿手稿书目，题目是《彩墨画（中国画科，研究生）应涉猎的传统画论书录》，题目中“彩墨画科”由潘天寿亲笔改为“中国画科”，而且去掉了“研究生”几个字，这本手稿封面朱金楼批了七条修改意见。不知何故，1955 年入学、毕业后留校任教的王庆明老师说从没见过这份书目，说明此书目并未印发给学生使用。

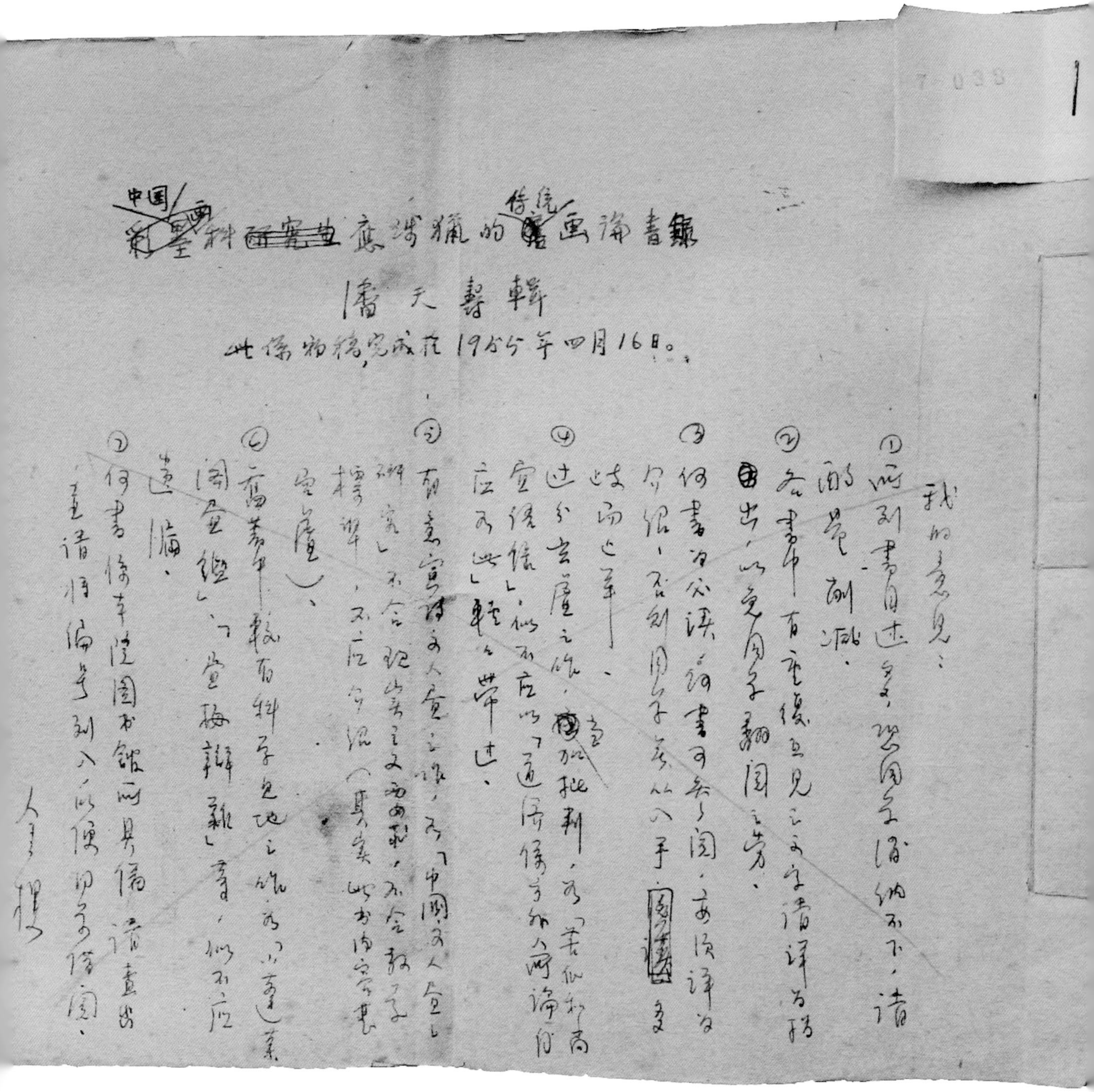

应浏览的传统画论书录

潘天寿辑

此份初稿完成在1955年四月16日。

我的意见：

①所列书目过多，恐目录纳不下，请酌量删减。

②各书中有重复互见之文字，请详为括出，以免目录翻阅之劳。

③何书为必读，何书可参阅，应须详为分组，否则学者从入手，多歧路之叹。

④过分玄虚之作，应加批判，如「苦瓜和尚画语录」、「画筌」，似不应以「通俗」纳入所论，自应如此轻轻带过。

⑤有意宣传文人画之作，如「中国文人画之研究」，不合现实之文而有影响，不合教学标准，不应分组（其实此书内容甚空虚）。

⑥旧著中较有科学见地之作，如「小山画谱」、「图画见闻志」、「画梅辑录」等，似不应遗漏。

⑦何书係本院图书馆所具备，请查出、注明，并请将编号列入，以便同学借阅。

人楫

《传统画论书录》

“浙美三老”针对彩墨画系一度对民族文化虚无主义的倾向，恢复了被取消的山水画、花鸟画教学；其后国画系开始实行山水、花鸟、人物分科教学，添设临摹课以提高对传统绘画的认识和技法训练，画论、诗词题跋、篆刻、书法课又重新开课；山水教师、诗词教师、书法教师缺少，决定尽快到外地物色调来，先由大家兼起来。潘天寿又提议在中国画系招生时，改考素描为考国画写生，而且让学生从一年级起就摸毛笔。

教师延聘不易

从事中国画教学，实现教育思想最重要的自然是需要一批优秀的教师。早在国立艺专抗战时期，潘天寿任校长时已经聘请了吴茀之、张振铎两位白社同仁相助，还有从日本留学回来在上海美专任教务长的谢海燕先生，来共同办学。抗战复员回杭州，谢海燕回归上海美专，张振铎留在了内地武汉。

1946年12月潘老延聘到了诸乐三先生来杭州共事。最近我们找到了潘老1939年第一次邀请诸乐三来校任教的信件，不但评价高，字里行间还充满感情，可以参见邀请之诚意。全文如下：

乐三吾兄阁下：

得书悉起居胜常，欣快无似。弟西上，期约在本月半后，唯无同伴，殊寂寞耳。兄天才超越，兼以各项基础渊深，一着手即能超人一等，近日从事山水，亦定能获心得于不落凡近之处。弟又何敢有贡献也。（前兄所临吴伯滔纪游画册，实可取材。）（茀之有信，仍住永安未回浦，其通信处为福建永安下岭省立师范专科学校。）弟此次极盼兄同行，一可免路上寂寞，二则到校后对弟学问方面有极大之促进，三对艺校中画系于弟多一联手，而兄终不肯远移文旌，实弟无福缘也。然否？耑覆即颂春祺。

弟寿顿首　三月五日午

20世纪50年代后期重新组建浙江美院国画系，除了吴茀之、诸乐三，1957年2月请到了山水画家顾坤伯先生（原《浙江美院中国画六十五年》中国画系提供的年表误为1956年，现根据档案予以纠正）。顾坤伯此前在上海美专任国画教授，自己办过学校，山水功力深厚，特别长于给学生做各种绘画技法的示范，可惜来杭州几年后小中风，影响到教学。

1959年请到了陆抑非。陆抑非先生晚年对笔者说过，他一到杭州，潘天寿先生第一句话就是：“望眼欲穿，陆先生终于请到了！”潘先生的求贤若渴让他倍感温暖。早年陆抑非作为吴湖帆“梅景书屋”高足，已名满海上，修养全面。曾任上海美专、新华艺专、苏州美专等校教授。1935年创办私立飞声国画函授学校任校长，章程刊布吴湖帆、黄宾虹、高剑父、张善孖、张大千、王个簃、汪亚尘、潘天寿、诸闻韵、吴茀之、诸乐三等五十多人被聘为兼职教授。来杭州以前已是上海中国画院首批画师。他擅长花鸟画，从工笔、没骨、小写意到大写意各类技法皆精。其1958年创作的《春到农村》在国内外二十余种杂志上刊登，《美术》杂志1959年2月号以彩色封面刊出。50岁这

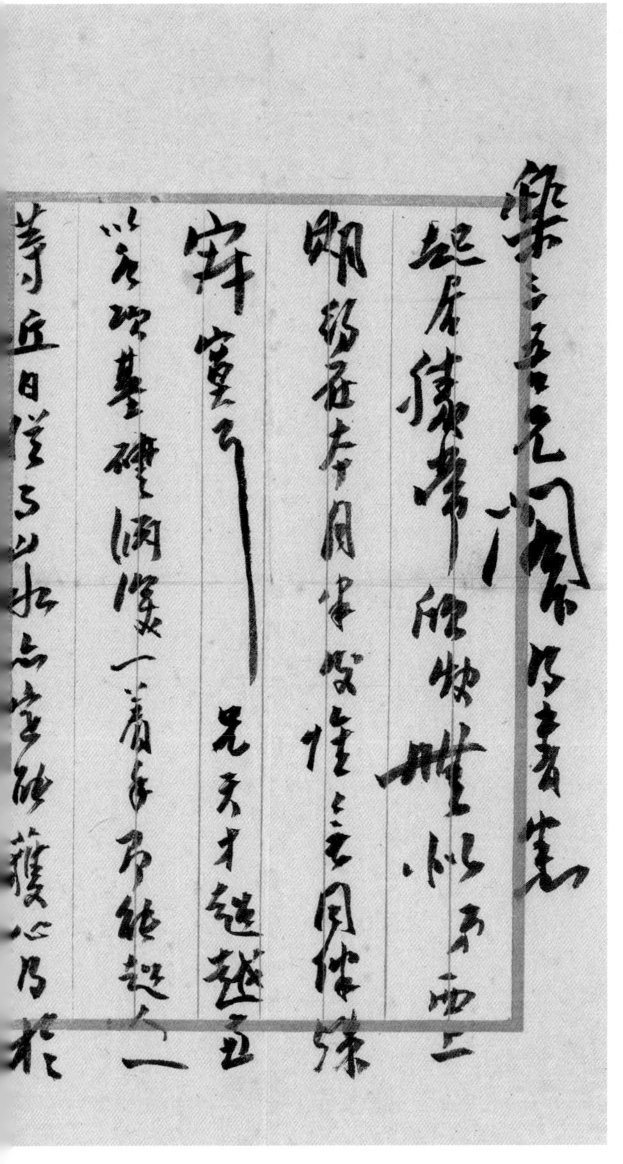

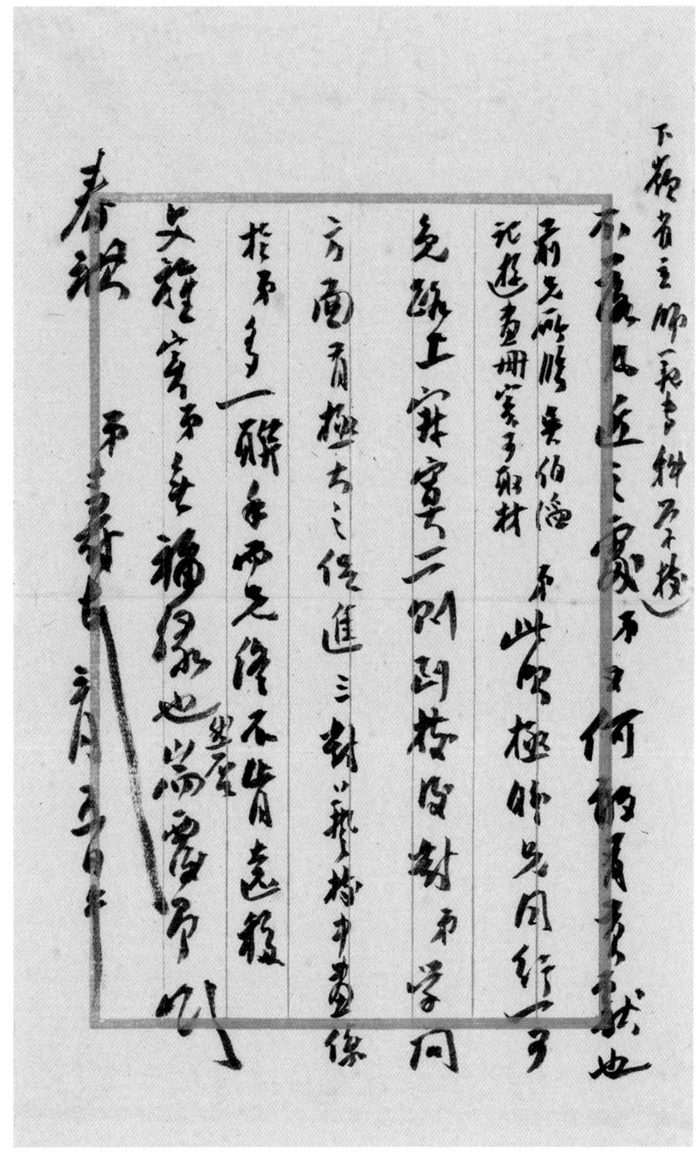

潘天寿致诸乐三信件

一年被潘天寿请到了杭州。

请陆维钊先生更有一番周折。潘天寿、吴茀之在一次书画展上发现落款陆维钊的作品很有水平，打听到是杭州大学的教师所作。了解情况后，潘先生立即开始商调工作。其实此前陆维钊已经联系好调往浙江省中医学院去研究医古文，只是手续待办。对于陆维钊而言，他心目中诗人才是自己追求的理想，并为自己的诗人身份而十分自豪：“曾记狂、饮登绝顶，万山青拥一诗人。”离世前又有“依旧诗人，江水东流不忍听”之句。但他始终希望以医道救世，因为医古文实在太缺乏研究了，他打算重新注释李时珍的《本草纲目》。

潘天寿先生亲自向浙江省分管文教的陈伟达副书记汇报，陈书记让统战部余纪一部长迅速商调成功，出了调令。而陆维钊为此也

陆维钊亲笔信

作出了很大的牺牲，他调美院后，住宿从杭大教授楼迁出，九个人改住五十几个平方的旧屋，既没有卫生间、厨房间，还漏风漏雨，生活十分不便。后来“文化大革命”中更是缩小面积，最近发现的陆维钊一封亲笔信，带我们回到了那个时代。陆维钊后来为创建中国第一个书法篆刻专业的贡献无人不晓，而他个人的损失却不为人知。

顾坤伯先生小中风教学有困难，于是潘天寿派青年教师姚耕云去上海学山水画。不料，带回杭州的一本山水画册页让潘天寿下决心把陆俨少请来主持山水画教学。其时陆俨少被打成右派，在上海画院的差事是看大门。《陆俨少自叙》（上海书画出版社 1986 年）有一段陆俨少先生的文字：

浙江美术学院因为国画系山水科教师顾坤伯生病不能任教，急需补充一位山水画教师。院长潘天寿素来主张画画的人，兼应有些文学修养，又能写几笔毛笔字，所以用此标准来物色山水画教师。前此浙江美术学院毕业生姚耕云来上海进修山水画，领导上指派由我教导。一年以后，他回浙江，临行我送他一部我画的杜诗册页。他回去后，请潘天寿先生题字，潘老看到我的画，读到我册后的长跋以及写的字，不觉首肯。后来聘请山水画师，多方物色，没有适当的人，因而想到我。我和潘老素昧平生，无一面之雅，只因他看到我送姚耕云的一部册页，就不顾我在政治上有“问题”，特到画院指名要调我去工作。可是画院坚决不同意，要另派别人，但潘老不要，指定要我去。双方相持不下，于是想出折中办法，一半对一半，即一个学期我去浙江教两个月，再两个月在上海。1962年起我在浙江美院兼课，教国画系山水科四、五年级的学生。

1990年潘天寿纪念馆建造新馆，陆先生一次来工地现场察看，当我说到经费不足，陆先生主动说：“潘先生的事情我要管的。”没几天他叫人送来两幅四尺整张的精品画作，一幅山水，一幅梅花。至今潘天寿纪念馆院子里水池边的石墙上镌刻的无偿捐献者名单，就有陆俨少先生的大名。

从外地延聘来的一流教师大大改变了教学状况。当然也有未能请到的教师，如擅长篆刻的余任天先生、擅长工笔花鸟的陈佩秋先生等。各有缘故，人事亦非潘天寿一个人能说了算，遗憾在所难免。前些年还有人在《美术报》发文责怪潘天寿调余任天不够诚心，这真是冤枉了潘先生。

教学把关不易

招生把关

我在《潘天寿》传记里记录过一段史实：

1959年3月潘先生赴京出席人大会议，约在京老学生一起参观故宫展览。

曾在40年代当过潘天寿校长秘书的高冠华（时任教中央美院）悄悄问潘先生：“有人说，潘先生和毛主席教育方针有抵触，有没有这回事？”

潘天寿陷入了沉思。

当时贯彻向工农开门的教育方针，由于某种不理解，有人索性对工农分子免考入学，这种做法许多老先生都认为不妥，但很少有人敢公开站出来说话。

潘天寿却十分耿直，在座谈会上发言：“浙美学生质量差，以前是由于工农分子免考进来，片面强调政治。招了进来，出废品有什么用？”

他又说：“学生取不好，就培养不好。即使工人阶级的子弟，如果没有培养前途，取进来有什么用？”

虽然他担任了副院长，但学院并没有按他的话去办，反而把他的话记录后作了上报。

当然，他还对“教育与生产劳动相结合”有过言论。因为学院在“教育”与“生产劳动”二者关系上曾一度主次颠倒了，学校里办起了许多小工厂，在陈列馆门前造了小高炉，搞起大炼钢铁，上课受到严重影响，他怎么能不说。

"工厂就是工厂，学校就是学校，这是很可以理解的。工厂是生产，学校是读书，这是天经地义的。……学校嘛，一忽儿劳动，一忽儿这样，一忽儿那样，那学校可以不办。大学学制，明明是五年，为了体现'多、快、好、省'都说二年，最多三年可以了，连四年也没有人提。这样短的时间，怎么能维持大学的水平？"潘天寿又一次忘记了自己是统战对象，这次不知道后果如何。

潘天寿感到问题有些严重，但又不知道自己错在哪里，只不过讲了一些大实话罢了。

反正又不是为了当官，他吸取解放前当校长的教训，不想重蹈覆辙。趁在北京之便，干脆去向时任文化部教育司王司长提出了辞呈，然而不予同意。王司长反而劝他说："院中各项事情都有分工，没有多大的事情的，就这样干吧。"潘天寿也弄不明白是怎么一回事。

回杭后，主持美院工作的党委书记兼副院长陈陇找潘天寿谈话，要潘天寿影响不好的话不要讲。潘天寿这才相信学生讲的并非传闻，他心里明白，陈书记讲话所指的事情是什么。他没有多加解释。

"解放后，省里（省委）照顾我，我觉得应当尽我的责任讲话。不是总说'知无不言，言无不尽'吗，但真正讲些心里话，又总怪我不顾到党的利益，到底该讲还是不该讲呢？"潘天寿感到无法把握，他不是共产党员，不懂党的规矩，但他觉得自己是非常安分的，尽力在把工作搞好。虔诚的潘天寿大概想了又想，检查自己动机虽好，是不是旧根源太多，讲起话来难免与党的意图不相合，所以决定辞职为好。

他在学院走廊的布告栏里贴出了一张希望退休的小字报，顿时引起了多方面的关注。难道这一举动又与党的意图不相合吗？ 3 月 22 日他又写了一张小字报想解释一下，无非是说自己身体不好，行政及教学工作责任极重，力不从心，虚占名额，至感不安。而且表示要求退休，并非消极情绪，今后仍将努力创作国画，撰写有关国画研究的论文等。

奇怪的是，他的小字报贴出后不久，文化部却让党委书记陈陇来向他作解释，表示并没有要批判他的意思，希望他继续发挥作用。不但退休不成，这一年的 12 月 5 日中央改任潘天寿为浙江美术学院院长，他再三推辞也没有用。他只好与上面谈妥，学校行政工作他一概不管，仅仅挂个名，他最怕老是坐着开会，把时间给占了。他希望将时间用在教学和创作研究上，认为这才是办好学校的关键。

教学把关

潘天寿主动担任山水、花鸟二、三、四年级的古诗作法和题跋课、书法课。

吴茀之、诸乐三都分别兼授了这些课程。吴茀之还增加讲授国画概论，诸乐三则书法、篆刻、画论选读都上。潘天寿又提议在中国画系招生时，改考素描为考国画写生，而且让学生从一年级起就摸毛笔。

潘先生觉得被搞乱了的中国画教学要好好整顿，首先要让学生们真正了解传统。他专门做了一次讲座"谈谈传统绘画的风格"，这是一篇数万字的专题论文，论证了他提出的中西绘画要拉开距离。他从传统风格的形我上次所貼大字报請求退休的情況有下列數点：

1. 我近兩三年来身體大差，經医生多次检查，查明血壓高、心臟扩大、血管硬化程度殊深。去暑疝氣病开刀後，體力更差，食量大減，經常頭昏頭痛，不能多思想，并兩脚經常乏力，實为我近来思想上極重大的負担。

2. 行政教学工作，責任極重，以體差，致處處拖拉，有虧職責，当此有史以来未有的大躍進時期，每個干部务必脚踏实地痛下干勁，一人要負担三四人的事才對；而我却力不從心，虛位名額，衷心实感不安。

3. 我的退休意圖，並非消極情緒在家中養老，仍要求我積極学習政治和從事國画研究、創作画件，为人民服务及作一些参考，這樣做，我覺得稍可多一些成績並較有把握，對我的身體休养也有方便。（例如我对李茂之朱福忻兩同志的应戰書中就訂定我在三年内創作國画百件，论文三篇，並爭取有红专水平的教学工作者。）

以上數点，上次大字报上未曾附加說明，引起諸同仁諸学同對我的関心，至為感激！我一定跟着大家在社会主義建設大躍進的形勢下做一個促進派。

潘天壽 3.22.

小字报照片

参观儿童作品进行辅导的照片

成到艺术必须有独特的风格。指出：(一)世界的绘画可分东西两大统系，中国传统绘画是东方绘画统系的代表；(二)统系与统系之间，可互相吸取所长，然不可漫无原则；(三)小统系风格、个人风格与大统系民族风格的关系；(四)独特风格的创成，是一件不简单的事。

这些都是他几十年以来研究绘画的真知灼见，条分缕析，观点非常鲜明。譬如他举例：中国绘画要以墨线表现画面形体；尽量利用空白，突出主体主点；颜色作强烈对比，且以墨色为主色；合于观众欣赏要求的明暗处理、透视处理；追求动的精神气势，以及题款、钤印以丰富而变化画面等。他要发扬光大传统的优秀部分，从传统内部去寻找创新的道路，他不赞成借助西画来改造中国画，他觉得"改造"呀，"脱胎换骨"呀，实在是否定中国画。当时政治思想领域正全面接受西方来的马列主义，人人要改造思想，改造世界观。

他告诫人们，对于外来的传统，一定要"细心吸取，丰富营养，使学术之进步，更为快速，更为茁壮"。"由于技术方式、工具材料、地理气候、民族性格、生活习惯之各不相同，往往在某部分某方面，有所不融和者，应不予以吸收，以存各不相同之组织形式、风格习惯，合群众喜见乐闻之要求，不可囫囵吞枣，失于选择也。否则，求丰富营养，恐竟得反营养矣，至须注意。"

老先生们上讲坛以后，努力扩展教育：一是在校内，如1960学年校内组织中国画讲师团，对国画系以外的全校所有其他系科也普及推广中国书画。第二学期有七次讲座，其中诸乐三作"中国画题识款式问题"讲座，陆维钊作"题跋、文言文语法上的问题"讲座，潘天寿讲"中国画构图问题"，吴茀之讲"中国画传神问题"，陆抑非讲"花鸟画的设色问题"，顾坤伯讲"论山水画的技法"等。(美院档案1960—98，第12页。)从而使该校各系毕业生多多少少都有文人画的滋养，有的日后竟成了中国画名家。二是在校外，进行辅导活动。如1961年12月10日，潘天寿与吴茀之、诸乐三应邀参观杭州市少年科技站红领巾美术队儿童美术陈列作品，并分别为孩子们作画。

在进行教育改革的过程中，阻力自然不小。譬如创建书法篆刻专业以后，首届学生仅仅只有两名，而且因为学生整天沉浸于古诗文，有人反映只专不红，要求撤销这个专业。系里刘玮先生专门找金鉴才做工作，要他改学花鸟。作为书法专业首届学生金鉴才在回忆文章中谈到，在这书法专业存亡的关键时刻，是潘天寿先生顶住压力，坚持办学到底。

学生留校不易

教学要有传承，从毕业生中留下专业水平高的学生是国画系一大任务。但是在政治压倒一切的年代，学生有偏重专业学习的，被称为“只专不红”，不让留，家庭出身成分高的不能留，社会关系复杂的不便留，潘天寿老先生群体常常为留那些学生感到无能为力。

人物专业王庆明、书法篆刻专业刘江、花鸟专业（工笔）章培筠都是专业好，又没有什么把柄才顺利留校的。其中王庆明一直是李震坚老师的得意门生，刘江是诸乐三的入门徒弟，章培筠留校后被专门派到上海向陈佩秋先生学工笔花鸟。

但是长于花鸟的卢坤峰却因家庭背景不让留校任教。据说潘天寿先生当时很生气，认为这样有功底的学生必须留下来，他甚至甩出一句惊人的话，自己可以不当这个校长，卢坤峰也要留下来。后来组织部门让步，破例给予留校。

吴永良就没有这么幸运，他画鲁迅的毕业创作得到潘老好评。本当留校却因潘老赴京开两会去了，主持系里工作的刘苇先生认为他只专不红，分配温州，直到十多年以后吴永良考上研究生才得以返校。

其实吴山明也是遇上好机会，出身不太好的他留校待分配，等到了后来不太讲成分了，终于得以留校。其实，几乎每一个留校的教师都有故事可讲，正是他们一代代的传承，才有今日中国美术学院之壮观！

潘天寿教育思想也是老先生群体共同的教育思想，他们如此一致在全国也是很少见的。他们出于公心、敢作敢为、废寝忘食的精神非常值得后人敬仰和学习！

1《黄宾虹年谱》载：受中国山水花鸟画不适合反映新生活的思潮影响，美院禁止学生观摩、研习传统旧画，相关教授备遭冷落，在这种情况下，萌生返回歙县故里的念头，修书与王任之与族侄黄树滋询问回归事宜。《石谷风画集·年表》：“夏，赴中央美术学院华东分院参观画展，时黄宾虹先生山水作品正受到个别人批评，黄老想退休回歙县故居，遂信黄树滋了解家乡情况，托先生代转。”按：承石谷风老人面告，当时师生画展上，黄宾虹、潘天寿等教授作品都放在不显眼的位置，看着宾老的山水画挂在暗角，潘天寿的画挂在走廊，被风吹得飘曳不定，发出泼刺声响，心中真说不出是什么滋味。宾老神情黯然，说“现在他们不需要我们这套了，还不如回乡种地”，当时宾老眼疾很严重了，伏案钩钩点点的，便劝说：“老师眼睛不好，就不要画了。”宾老打断话头，说：“不，不，不，我想画……”（王中秀编《黄宾虹年谱》，上海书画出版社，2005年，第525页）

2“教研室订一九五三年夏季工作计划……II：由潘天寿、吴茀之两先生每月制作人物、山水、花卉（每人三件），为将来彩墨组成立作准备。”（中国美术学院档案馆编号1954-1-13）

拾遗

蓑笠本家风，独钓寒江里
——从《寒江独钓图》到《寒江垂钓图》

刘 名

《寒江独钓图》是徐悲鸿1939年在新加坡为答谢好友陈延谦所作。1948年12月，徐悲鸿重画《寒江独钓图》，改题为《寒江垂钓图》。从《寒江独钓图》到《寒江垂钓图》，这是徐悲鸿同一个人物题材的两次创作，一个有抗日战争的印迹，一个是解放战争的背景，它们记载了徐悲鸿与南洋两代人的情谊。

徐悲鸿《寒江垂钓图》（局部），1948年
私人藏

陈延谦照片

《寒江独钓图》是徐悲鸿1939年在新加坡为答谢好友陈延谦所作。

陈延谦（1881—1943），字逊南、益吾，祖籍福建同安（今厦门同安区）。出身贫苦，少时背井离乡随父到南洋谋生，历经艰顿，先与友人合营绳索生意，建立基础；后又独自经营树胶种植与橡胶加工出口业，以其独到的商业眼光，经一番苦心打拼，1914年就已成为新加坡拥有三千多亩橡胶园的“橡胶大王”。当时欧洲人为保其橡胶的垄断地位，不允许华人加入树胶交易所，陈延谦愤而创立树胶实业有限公司与之抗衡。“九一八”事变后，陈延谦身在海外却心系祖国，成立南洋华侨赈灾会并担任首届主席，一直为抗日战争筹赈捐款，领导南洋地区的抗日筹款活动。之后，他又成立和丰、华商、华侨等八家银行有限公司，分行遍及印尼、泰国、越南、马来亚、缅甸等地，同时他还担任了当年海外最大华人金融机构的总理，成为20世纪20年代新加坡最富有的华人领袖。

生于清末的陈延谦，还是一位“无意于诗诗自工”的成功诗人。1938年他出版了《止园诗集》，其古体诗表达了南洋第一代创业成功的华人领袖居安思危、勤俭忠信的思想理念。

1939年，国内抗日战争如火如荼，为“尽其所能，贡献国家，尽国民一分子之义务”，

徐悲鸿《陈延谦、李俊承画像》，1939 年
私人藏

徐悲鸿前往新加坡举办筹赈义展，得到新加坡各界华人空前热烈的欢迎和支持，尤其是新加坡最负盛名的华人富翁们的大力支持。在星华筹赈会主席陈嘉庚的支持下，陈延谦、李俊承、林文庆、黄曼士等二十多名巨贾成立了“徐悲鸿教授作品展览”筹委会和八十多人的展览工作委员会，负责画展筹备、策划劝募办法、推广宣传、外出募捐等，并纷纷认购画展的筹赈券。

当时热血男儿陈延谦还是华人上流社会“吾庐”俱乐部的主席，对同样热血男儿的画家徐悲鸿，他热情相待，大力支持，以个人名义及“吾庐俱乐部”名义分别捐款认购徐悲鸿画作，现挂在安祥山“吾庐”俱乐部二楼的《立马》图，就为陈延谦所购。

陈延谦不仅自己买画，还介绍自己的朋友买。华侨银行的另一位首脑李俊承也捐款认购。正是因为有这些朋友们的鼎力相助，徐悲鸿的义筹画展非常成功，规模之盛、范围之广、观众之多、筹款数目之巨、艺术影响之深远，在新加坡艺术史上尚无前例。

为了感谢陈延谦和李俊承，徐悲鸿特意为他们两人画了两幅彩墨肖像和一幅《寒江独钓图》。

20 世纪 30 年代的新加坡，照相行业和摄影技术并不普遍，能作肖像的画家也是少之又少，能以中国彩墨画创作人物肖像的画家更是一时无二。徐悲鸿别开生面的巨作《九

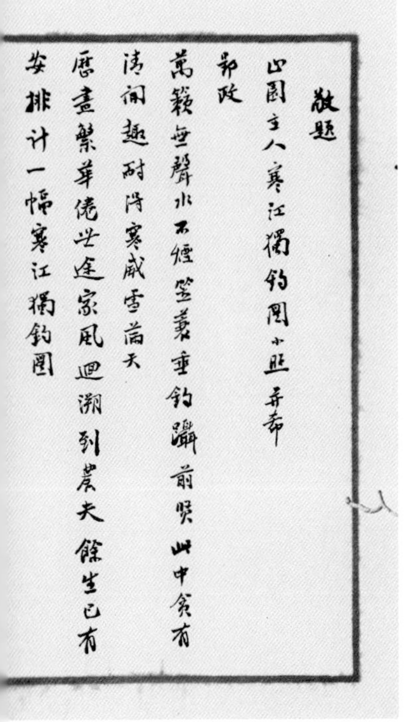
敬题
止园主人寒江獨釣圖小照并序
郢政
萬籟無聲水不煙 笠蓑垂釣躡前賢 此中自有清閒趣 耐得寒威雪滿天
歷盡繁華俛世途 家風迴溯列農夫 餘生已有安排計 一幅寒江獨釣圖

黄孟圭《寒江独钓图》题画诗

敬題
止園主人寒江獨釣圖并序
指政
戴笠披蓑上釣舟 滿江蘆雪水平流 蕭然自得垂綸樂 獨占煙波伴鷺鷗
李俊承初稿

李俊承《寒江独钓图》题画诗

蓋吾老兄以獨釣寒江雪圖見示奉題七絕三首
孤舟蓑笠一漁翁 描寫寒江有化工 垂釣不關棲隱處 當年雷澤本家風
久棲熱帶久忘寒 冒雪耐寒一釣竿 閱世須經寒苦境 深情且向畫中看
畫家四品讓漁先 雪下垂綸快欲仙 說到蘆洲無限好 教人笑煞萬三船
吳瑞甫未定稿 在星洲作時年六十有九

吴瑞甫《寒江独钓图》题画诗

方皋》，传神阿堵，既显示了一代大师的艺术水平，也开创了彩墨人物肖像画的先河。新加坡的报章称赞徐悲鸿："尤其是画人像为一时无两。画像最难传神，所谓传神阿堵，难之又难的事，可是徐教授对于这一点最有把握。"[1] 千金易散，画家难求。以中国彩墨画为自己画像，是许多海外华人领袖多年欲遂的心愿。

当年南洋华人认购徐悲鸿画作时，可以提出自己的要求。所以当徐悲鸿为陈延谦和李俊承造像时，他二人非常珍惜这个机会，也表达了各自的意愿。徐悲鸿则根据他们的设想，对照真人和相片，先画出速写画稿，再进行创作。

李俊承信佛，是新加坡佛教居士林林长。据说，有一次被意外袭击时，他胸前的居士林徽章恰巧把子弹挡开，救了他一命。所以徐悲鸿画笔之下的他是一袭袈裟的高僧，神情慈悲虔诚，背后松石流水，表达了他的宗教信仰。李俊承曾赋诗一首给徐悲鸿，以表达他对此画的喜爱："着笔烟云起，乾坤一老翁。山松随意古，水石自然工。曼衍龙奔海，幽寥鹤唳空。炎洲三岛客，何幸识春风。徐悲鸿为写松石小景赋诗谢之。"[2]

陈延谦则要求把自己画成"独钓寒江雪"的蓑笠老翁。所以徐悲鸿画笔之下的他手持钓竿，身后是漫天霜雪，虽身处寒境，但表情恬淡，眼神深邃，显示出高洁的人格。虽

徐悲鸿《寒江垂钓图》，1948 年
私人藏

然徐悲鸿所画的是南洋见不到的雪景，可是在南洋的华人亦可借此慰藉对家乡的思念并追寻宁静淡泊的人生。

陈延谦十分喜爱这幅画，作题画诗“蓑笠本家风，生涯淡如水。孤舟霜雪中，独钓寒江里”于其上，并把《寒江独钓图》一直挂在自己邸府水榭“海屋”的前厅。每每有亲友造访，文酒雅叙时，他也常常出示这幅《寒江独钓图》，大家以此画为题，吟诗助兴，比如：黄孟圭的“历尽繁华倦世途，家风回溯到农夫。余生已有安排计，一幅寒江独钓图”[3]、李俊承的“戴笠披蓑上钓舟，满江芦雪水平流。萧然自得垂纶乐，独占烟波伴鹭鸥”[4]、吴瑞甫的“久栖热带久忘寒，冒雪耐寒一钓杆。阅世须经寒苦境，深情且向画中看”，及“孤舟蓑笠一渔翁，描写寒江有化工。垂钓不关栖隐处，当年雷泽本家风”[5]、洪鸿儒的“江干垂钓古人风，寄托如何总不同。省识画图真面目，舟中坐者岂渔翁。竟向水乡寻乐趣，为描知者动从容。荷蓑戴立竿携手，雪满江寒兴尚浓”[6]等，南洋美专的校长林学大还临摹了一幅《寒江独钓图》。

筑桥堤畔止园东，门向沧海水接空。“海屋”是陈延谦新加坡私宅“止园”里最有名的建筑。“止园”之所以著名，不仅因为它建筑设计的独特，主人身份的特殊，也因为它还是20世纪30年代星洲文人雅士汇聚的地方。而“海屋”是陈延谦放置图书诗画的水榭及会友的雅室。“止水澄心观世变，园林息影觉身轻”，尽管主人自撰的对联表明其追求“淡泊明志、宁静致远”的人生境界，但其爱国忧国之情却无时不在。1938年重阳节，星

國立北平藝術專科學校

篤山世仁兄惠鑒：手書及尊人畫像照片均收到，閱悉。目下僕事務甚煩，日為貧生生活奔走，寢食俱廢，但以尊人關係，亦願一盡微勞，惟有一條件，乃僕亞友黃孟圭先生此時困在澳洲，世兄如能以四百叻幣交與其弟黃曼士先生 16 Lorong Road 35 Geylang Road，僕即為命筆也。覆頌
時綏
悲鴻 十一月十日

1948 年徐悲鸿给陈笃山的复信

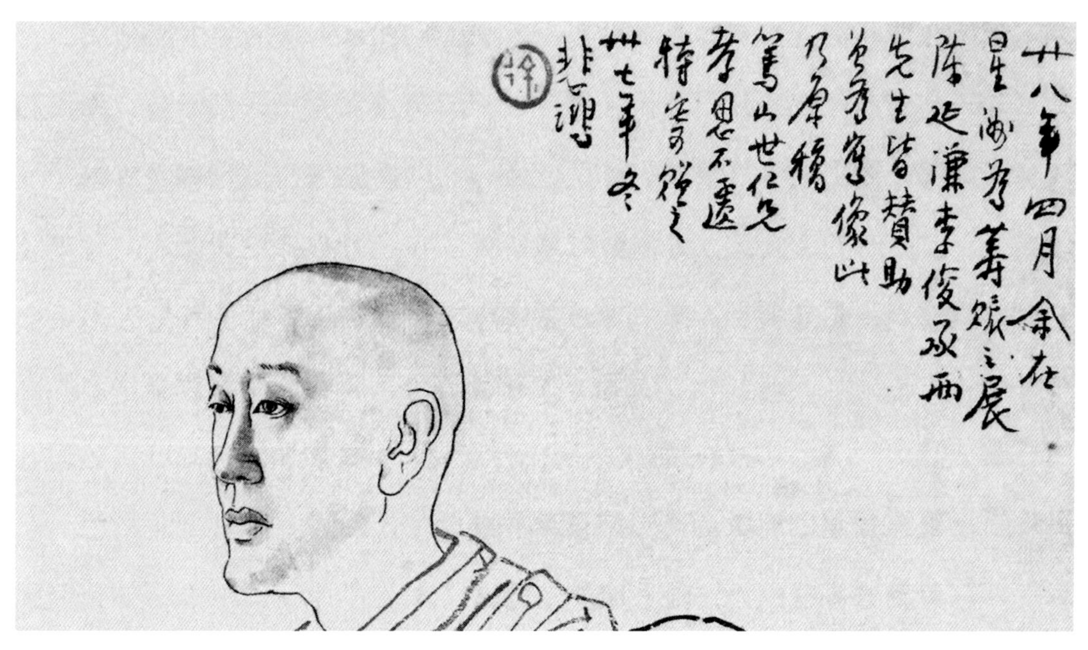

1948 年徐悲鸿给《陈延谦、李俊承画稿》上的补跋

洲诗友数十人聚于“止园”，齐作感时诗，陈延谦作《重阳日感东三省义愤》，斥责日本帝国主义侵略我国东北三省的不义之举：“东邻横暴压藩篱，戮我蒸民毁我旗。遥想满城风雨日，同仇敌忾莫空悲。”[7] 抒发他胸中的激愤之情。

1939 年 11 月，徐悲鸿应泰戈尔之邀前往印度讲学。离开星洲之前，陈延谦曾邀徐悲鸿至友黄孟圭、郁达夫等人作陪，在“止园”的“海屋”为徐悲鸿设宴饯行：“烟雾如屏障碧川，轻涛拍岸卷清涟。止园添得好风光，眼底狂波也有边。”置身海屋，可极目南洋大海，水天一色，苍茫浩瀚。席间，郁达夫作“夜雨平添水阁寒，炎荒今始觉衣单。叨陪孺子陈蕃席，此日清游梦一般”，陈延谦作“老来遣兴学吟诗，搜尽枯肠得句迟。世乱每愁知己少，停云万里寄遐思”[8] 的诗句饯别徐悲鸿，夜雨潇潇，波光潋滟，托衬出浓浓的“各记兴亡家国恨”的千里离愁，更添“念去去，千里烟波”的离别感伤。

1941 年 12 月太平洋战争爆发，新加坡也于 1942 年 2 月 15 日被日军占领。黄孟圭出逃到印度尼西亚后被日军抓捕，在日本宪兵监狱中备受酷刑摧残，直到抗日战争结束。徐悲鸿仓皇逃离新加坡绕道缅甸回国。陈延谦忧愤交加，1943 年逝世。《寒江独钓图》也在战乱中不知所踪。

1948 年，从中国采访归来的南洋商报的记者黄维恒，在新加坡举办摄影作品展。前去观展的陈延谦之子陈笃山，在诸多照片里，意外地发现了一张徐悲鸿的照片，认出图片上的人正是九年前给父亲画过《寒江独钓图》

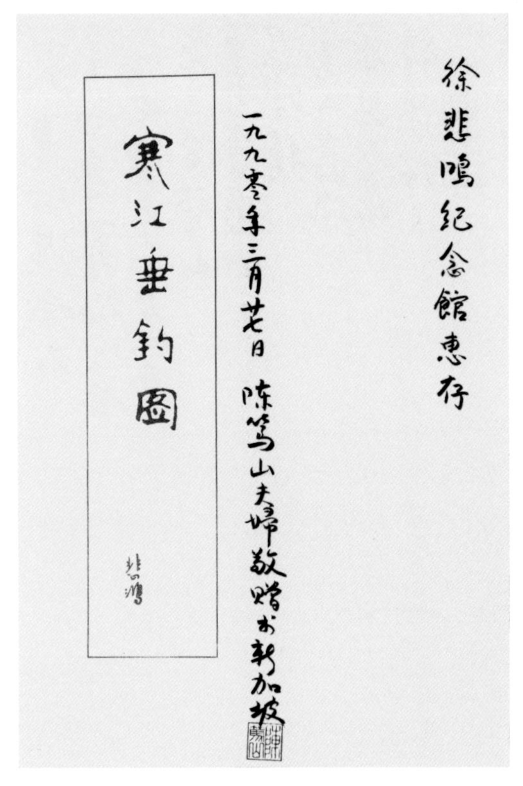

陈笃山赠送徐悲鸿纪念馆书其汇编的册页《寒江垂钓图》

的画家，欣喜不已，他从家中所存父亲的遗物中找到《寒江独钓图》照片，写信给徐悲鸿，恳请他能重新绘画此图，并愿支付所需费用。

1948 年底的北平，也是多事之秋，此时国内政局动荡，人心惶惶，体弱多病的徐悲鸿，接到书信后，尽管事务缠身，但还是在百忙之中于 1948 年 11 月 10 日给陈笃山回信："笃山世仁兄惠鉴：手书及尊人画像照片均收到，阅悉。目下仆事务甚烦，日为员生生活奔走，寝食俱废。但以尊人关系，亦愿一尽微劳。惟有一条件，乃仆至友黄孟圭先生此时困在澳洲，世兄如能以四百叻币交与其弟黄曼士先生，仆即为命笔也。覆颂时绥。"

"受人滴水之恩，当以涌泉相报"，徐悲鸿是位知恩图报的真君子。1925 年黄孟圭、黄曼士两兄弟对当时穷困潦倒的青年徐悲鸿的帮扶，让徐悲鸿一生感念不已，一生尊其为"大哥""二哥"。黄氏兄弟与徐悲鸿的交情，以及他们与自己父亲的交情，或许陈笃山并不知详情，但对于徐悲鸿真诚的要求，陈笃山爽快答应。按徐悲鸿的嘱托，将酬金由黄曼士转交到"病困澳洲"的黄孟圭，而黄孟圭也没有想到困扰之中的徐悲鸿，会竭尽所能，恩恩相报。

1948 年 12 月，徐悲鸿重画《寒江独钓图》，改题为《寒江垂钓图》，并题跋："廿八年四月春，余为星洲筹款之展，陈延谦先生属写此图。逮星洲沦陷，此图毁失。陈先生哲嗣笃山世兄函求重写，时国中烽烟遍地，人心惶惶。余方掌国立北平艺专，心绪不宁。感于笃山世兄之孝恩不匮，勉力作此。"[9]

特别值得一提的是，徐悲鸿还完好无损地保留着他 1939 年为陈延谦、李俊承两先生所作的淡墨速写画稿。他于画稿上补题："廿八年四月，余在星洲为筹赈之展，陈延谦、李俊承两先生皆赞助，曾为写像，此乃原稿。笃山世仁兄孝恩不匮，特寄赠之，卅七年冬，悲鸿。"将两人画像之原稿连同新作的《寒江垂钓图》一起托人带到新加坡，交与陈笃山先生。

陈笃山也是位有心之人，他搜集、整理了父亲遗物中留存的当年止园雅聚中许多名人雅士，如洪鸿儒、李冠三、管震民、张锡嘏、许允之、林镜秋、黄孟圭等为《寒江垂钓图》吟咏的诸多题画诗，连同《寒江垂钓图》，陈

陈笃山汇编册页上的《寒江垂钓图》

延谦、李俊承的肖像画稿，徐悲鸿的复信及1985年9月25日的《联合晚报》上刊载的《失而复得的寒江垂钓图》的报道，精心编辑并刊印成册。

1990年3月徐悲鸿纪念馆应新加坡泰星金币有限公司邀请，在新加坡国家文物馆举办“徐悲鸿的画——五十年回顾展”。3月27日陈笃山夫妇拜访了前来办展的廖静文馆长及徐悲鸿子女徐庆平、徐芳芳，并将徐悲鸿的《寒江垂钓图》一书赠送徐悲鸿纪念惠存。

“一竿独钓随水流，千卷遗篇有典型。乍喜故人来入梦，自怜尘劫几曾经。”这首《过止园记梦》，是李承俊对故人往事的追忆与思念，也是对历史岁月的缅怀。艺术只是一种呈现，我们应该体会艺术背后的山和大海。从《寒江独钓图》到《寒江垂钓图》，这是徐悲鸿同一个人物题材的两次创作，一个有抗日战争的印迹，一个是解放战争的背景，绘画是有生命的，艺术让岁月留痕，这幅画记载了徐悲鸿与南洋两代人的情谊。动乱不堪的年代，却画的是寒江垂钓，弥漫在画中的情思，似乎可以窥见画家彼时的心绪。

1　徐伯阳：《金山编》，见《徐悲鸿年谱》，台北：艺术家出版社，1991年，第216页。
2　欧阳兴义：《悲鸿在星洲》，艺术工作室，1991年，第146页。
3　徐悲鸿《寒江独钓图》。
4　徐悲鸿《寒江独钓图》。
5　徐悲鸿《寒江独钓图》。
6　徐悲鸿《寒江独钓图》。
7　欧阳兴义：《悲鸿在星洲》，艺术工作室，1991年，第145页。
8　徐伯阳、金山：《徐悲鸿年谱》，台北：艺术家出版社，1991年，第226页。
9　徐伯阳、金山编：《徐悲鸿年谱》，台北艺术家出版社，1991年，第305页。

回眸

回 眸

门人半知己

——齐白石与王雪涛的师徒之谊考略

张 楠

王雪涛拜入齐白石门下，齐白石曾赞誉其“蓝已青矣”。本文探讨齐白石与王雪涛的师徒交往过往，以及王雪涛为何选择拜师齐白石，他的绘画风格如何脱胎于齐派自成一家的。

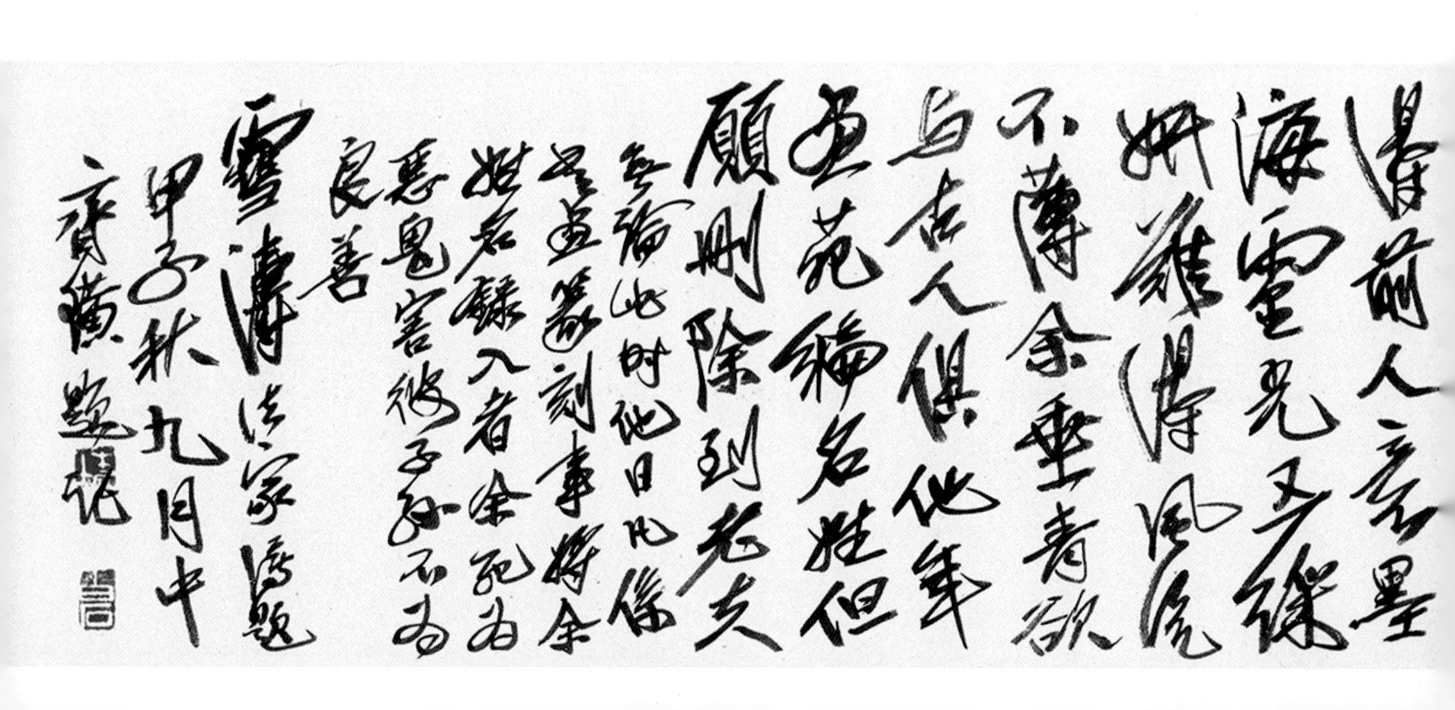

王雪涛先生是20世纪中国美术史上卓有成就的花鸟画大家。他清新灵动、富有情趣的小写意花鸟画至今在中国画坛无出其右。他幼年喜好绘画，考入国立北京艺术专科学校（中央美术学院的前身），转益多师，后拜入齐白石门下，齐白石曾赞誉其“蓝已青矣”。他六十年潜心研究花鸟画艺术，上溯宋元，涉猎明清，融汇中西，贯通古今，以革新的意识创作了大量画作，终于成为集大成者，独树一帜。而对于齐白石与王雪涛的师徒交往过往，在之前的文章中都未有专门论述。他为何选择拜师齐白石，他的绘画风格如何脱胎于齐派自成一家的。这些思考引发出艺术大家形成的规律，是本文要探讨的问题。

拜师齐门

1922年直隶高等师范手工图画科毕业的王雪涛，考入国立北京美术专门学校。但是他当时并没有选择继续中国画的深造，而是到西画组，选择正规的西方美术学习。1922年7月，国立北京美术专门学校开始招生，主要设有中画、西画、图案三科。西画科的教师有彭沛民、李超士、严季聪、吴法鼎、李毅士，外国教师主要有捷克画家齐蒂尔，法籍教师惠具利、克罗多。国画科负责人为郑锦、沈彭年，教员有陈师曾、王云、萧谦中、陈半丁、齐白石等人。

而这个时期王雪涛是有机会到国画系受教于齐白石的。王雪涛最初选择西画系的原因，很可能是自身专业的选择，也受到了当时社会风气的影响。作为花鸟画大家，同样拜师齐白石的李苦禅，也在同一期考入西画科。20世纪初的中国经历了一次巨大的历史变革，延续了几千年的帝制王朝分崩瓦解，一时间各地军阀割据，政权分立。在如此动荡的社会背景

齐白石题雪涛《白菜图》，1924年
家属藏

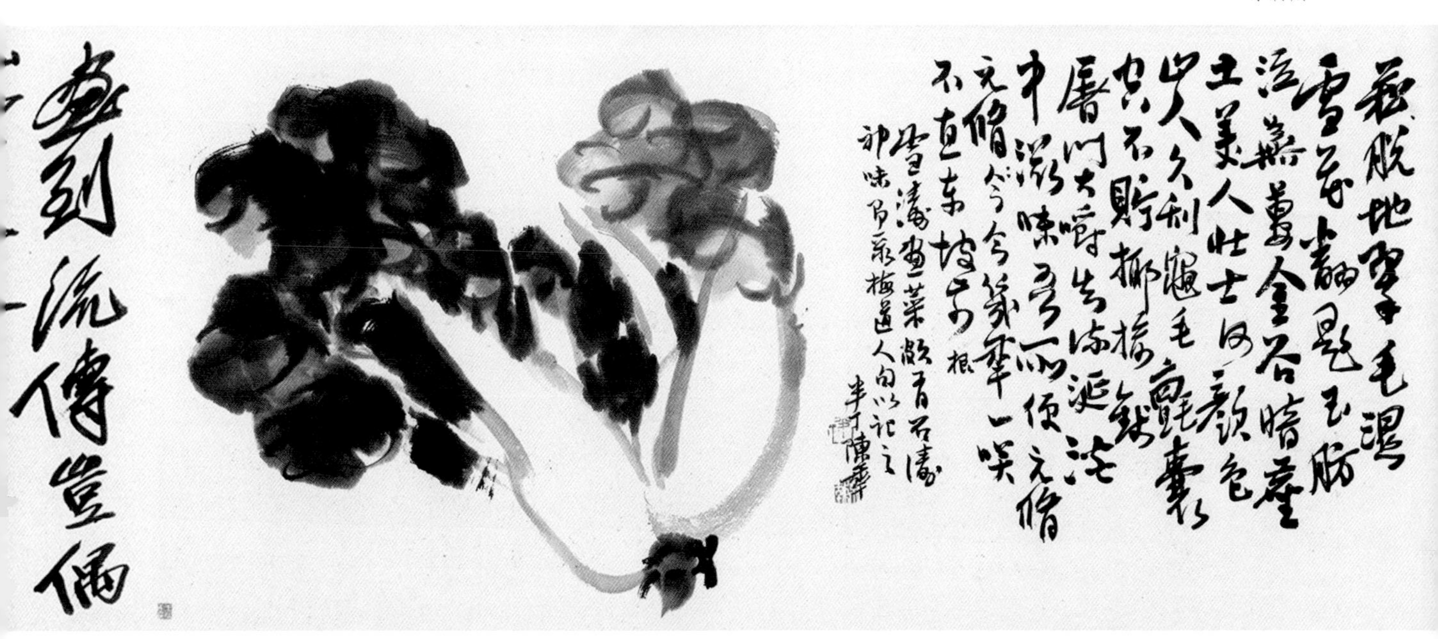

下，艺术领域同样受到了新思潮的猛烈冲击，新旧文化对峙，东西方文化激烈碰撞。“五四运动”又进一步推动了新文化运动的发展，加速了中国画由传统形式向现代形式的转变。同样新鲜的文艺思想刺激了当时年轻人的头脑。这一时期北大校长蔡元培之中西艺术兼容的思想深入人心。蔡元培主张中国绘画要输入西方绘画的写实精神。因而在时代潮流的召唤下像王雪涛、李苦禅这样的有志青年，选择西画学习也是一种责任和担当。

但很快国立北京美术专门学校爆发了“驱逐校长”的学潮，王雪涛在西画科的学习并不顺畅。随后在1923年王雪涛正式转入到国画科，并在同一年做了人生中最重要的选择——拜师齐白石。据王雪涛弟子梁志斌回忆，其实齐白石和王雪涛是在一次作品展览会上相识的，当时齐白石就对王雪涛作品驻足赞赏，观展人当时就提议王雪涛拜师。[1] 王雪涛正式拜师应该是和李苦禅一起登门齐府的。《李苦禅忆齐白石》中这样回忆：“那是1923年的事，我与王雪涛一道去跨车胡同15号齐白石家拜访。当时齐白石六十多岁，正在变法……我们去拜师那天，他先收下王雪涛。”[2]

师徒之间

拜师后，齐白石对王雪涛的画作多有指点和赞赏，常会在画上题跋。如王雪涛纪念馆所藏其1924年所绘《白菜图》，齐白石题跋：“画到流传岂偶然，几人传作属青年。怜君直得前人意，墨海灵光五彩妍。难得风流不薄余，垂青欲与古人俱。他年画苑编名姓，但愿删除到老夫。雪涛法家属题，甲子秋九月中，齐璜题记。”“墨海灵光五彩妍”是对王雪涛艺术风格的高度概括，而“几人传作属青年”则是对青年才俊王雪涛的器重。诗后白石老人又非常性情的题道：“无论此时他日，凡系书画篆刻事，将余姓名录入者，余死为恶鬼，害彼子孙不为良善。”“恶鬼”“厉鬼”之说来源于郑板桥《后刻诗序》中：“板桥诗刻止于此矣，死后如有托名翻板，将平日无聊应酬之作，改窜烂入，吾必为厉鬼以击其脑。”郑板桥以死维护自己诗文的版权，和齐白石维护书画清誉有异曲同工之妙。此外《白菜图》上还有陈半丁的题跋：“菘根脱地翠毛湿，雪花翻匙玉肪泣。芜蒌金谷暗尘土，美人壮士何颜色。山人久刮龟毛毡，囊空不贮揶揄钱。屠门大嚼知流涎，淡中滋味吾所便。元修元修今几年，一笑不直东坡前。雪涛画菜颇有石涛神味，即录梅道人句以记之。半丁陈年。”这里虽然说白菜得石涛画的神味，但是对比同一时期齐白石画作，还是更似白石老人。而后时隔一年齐白石老人看到王雪涛所画的另一张《清白图》中白菜，又借用了陈半丁所题吴镇的这首《墨菜画卷》。可见当时王雪涛年仅22岁，刚进美专学习才两年，其艺术造诣已深得两位老师的赏识。

在济南王雪涛纪念馆还藏有一张王雪涛1925年画的《不倒翁》。众所周知，齐白石喜欢画不倒翁，以讽刺当时无能的官吏。而王雪涛这张《不倒翁》起因是他听说齐白石想画背面的不倒翁图，于是就尝试画了这幅背面《不倒翁》，并呈送老师过目。齐白石看后

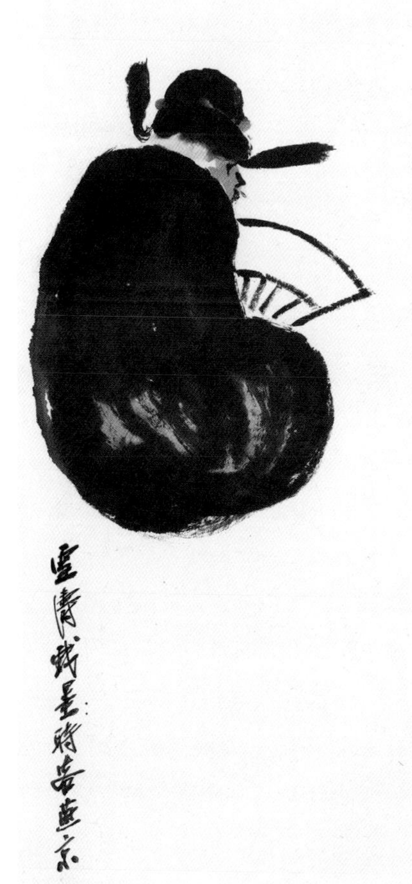

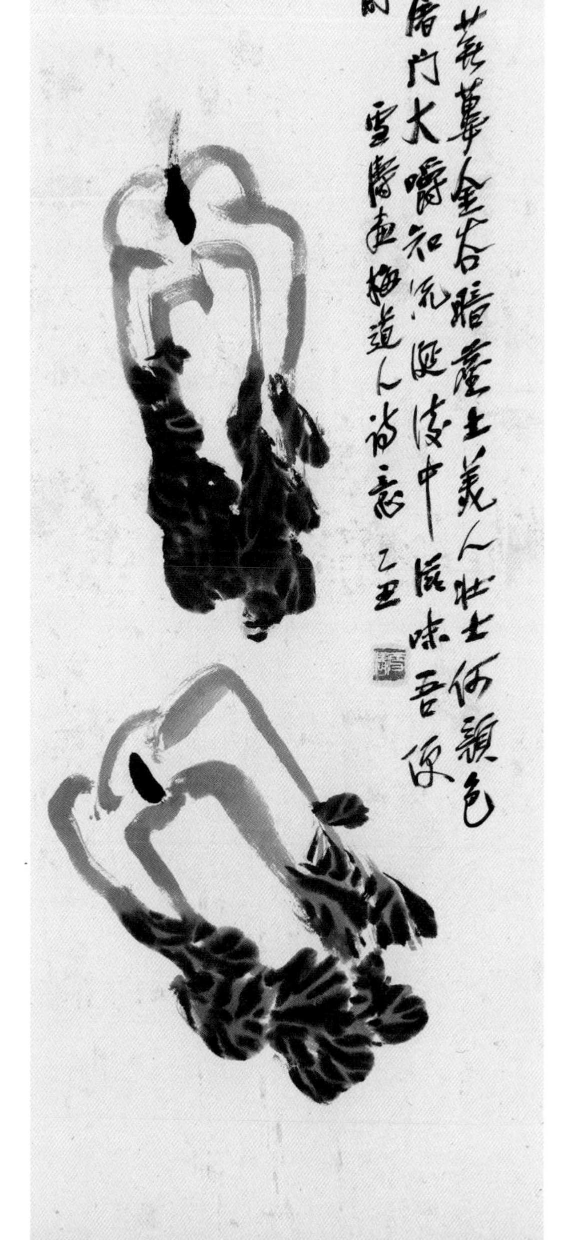

王雪涛《清白图》，1925 年
王雪涛纪念馆藏

王雪涛《不倒翁》，1935 年
王雪涛纪念馆藏

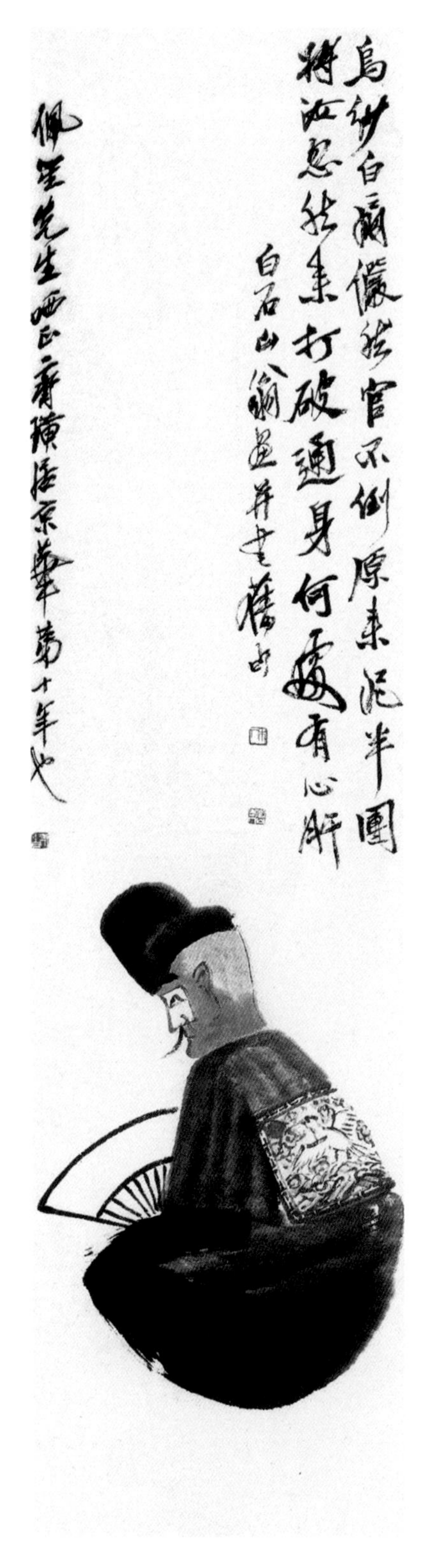

齐白石《不倒翁》，1926 年
上海中国画院藏

非常欣喜，题诗二首 ：“为官分别在衣冠，不倒名翁竞可怜。又有世间称好汉（不倒翁一名打不倒的好汉），无心身价只三钱。”“相亲寂寞老疏迂，同调忘年德不孤。怜汝启予商也意，柴门风雪日停车。（第二首谓雪涛也）”附记道 ：“雪涛仁弟画此，因闻余欲画背面，先画此呈余论定，正合余意。题二绝句归之。时乙丑十月十二日齐璜。”第二年齐白石自己画了背面《不倒翁》，并题跋曰 ：“乌纱白扇俨然官，不倒原来泥半团。将汝忽然来打破，通身何处有心肝。”此时期也正是齐白石衰年变法的转折期。齐白石从此开始作不倒翁背面形象与王雪涛大致相仿，也可说明他们师生之间心有灵犀。

1928 年王雪涛作《荷花图》，白石题跋 ：“作画只能授其法，未闻有授其手者，今雪涛此幅似白石手作，余何时授也？白石记。”意为王雪涛此作像是直接用他的手所画，看似夸张，但是另有一番深意。当时在琉璃厂有假画风波，因齐白石画名日益卓著，很多赝品大量销售。他为了防伪铸一方“齐白石”铜印，并登报声明告诫画店。他认为“学我者生，似我者死”，对于“白石画风”的王雪涛不免产生几分猜忌。齐白石还曾在家门口贴出了“王雪涛莫进来”的告示。王北岳的《印林见闻录》中讲 ：“白石老人性倔强，门下从客三千人，然偶有不适，即摈之墙以外。画家王雪涛，与（孔才）先生同为老人门人，所绘花鸟直逼老人。是时，旧都伪作老人画出售求利者颇多，老人以为系王所为，即告之曰：‘今后勿来我家！’王大恚，自是废旧求变，终于自成一家……”[3] 王雪涛百口莫辩，但他深知老师的性格，因而他一方面托人转告老师自己未曾作假画，一方面他决定改变画风，从此遍临古画，师古人，师造化，最终自成小写意绘画一脉风格。后来白石老人觉得误解了王雪涛，操刀治印“老雪”一枚，亲自送到王雪涛家。王雪涛也常用这枚见证着师生一段往事的印章。

20 世纪 30 年代开始，王雪涛开始大量临习古人之作，其中临写陈白阳作品最多，齐白石对于这些临写之作多有点评。如王雪涛纪念馆藏的 1932 年《诗意花卉册》十六开，白石先生题跋：“老屋乱藤芙玉池，素嫌凸粉蒋君痴。吾贤下笔如人意，羡汝成名鬓未丝。雪涛仁弟近画，大似白阳、复堂流辈，因题一绝句，癸酉夏六月，齐璜。”其余十五开还分别有王梦白的题字。

1933 年王雪涛作《墨妙册页》（王雪涛纪念馆藏）由王梦白题签“雪涛墨妙”。1934 年齐白石见到《墨妙册页》非常喜爱，题跋曰：“蓝已青矣，甲戌秋八月雪涛仁弟属，兄璜。”从这套册页可见，王雪涛这一时期已经在师古人的基础上，掌握了水墨的趣味，用笔洒脱，用色清新淡雅。“蓝已青矣”正是白石老人对其学习探索的肯定。1934 年王雪涛《临白阳山人墨笔花蔬卷》，周肇祥题引首“白阳逸韵。乙亥八月为雪涛兄题”。1935 年齐白石看到这幅图卷上后题跋：“前朝白阳山人长于花草，一时名振后人，师之者众，皆能栩栩自许。得其笔姿秀雅者惟吾贤。吾贤善学，何独不能骂人？岂自犹以为技能不如人也？亦知故意说人之短，道己之长，穷极无聊，狂如疯狗（疯狗亦如人之传染病也，实有其事，不见故事）！人品扫地，不成模样，非君子耶！吾贤早能知觉小人之非，近墨而不黑，即是正大之聪明，其人品足可重，不独工摹此卷也。雪涛仁弟属题记，乙亥十一月廿又七，同在故都。小兄齐璜。”这套花蔬卷，虽临仿陈白阳，却不落窠臼，自成一格。齐白石题跋中的教诲，亦可见他对王雪涛艺术青出于蓝、另辟蹊径的欢欣与鼓舞。20 世纪 30 年代以后王雪涛已然脱离了白石“画风”，深得老人的画理，自寻险路攀爬，而师生情谊亦无间隙矣。

胡适编《齐白石年谱》民国三十七年（1948）记

王雪涛《荷花图》，1928 年
王雪涛纪念馆藏

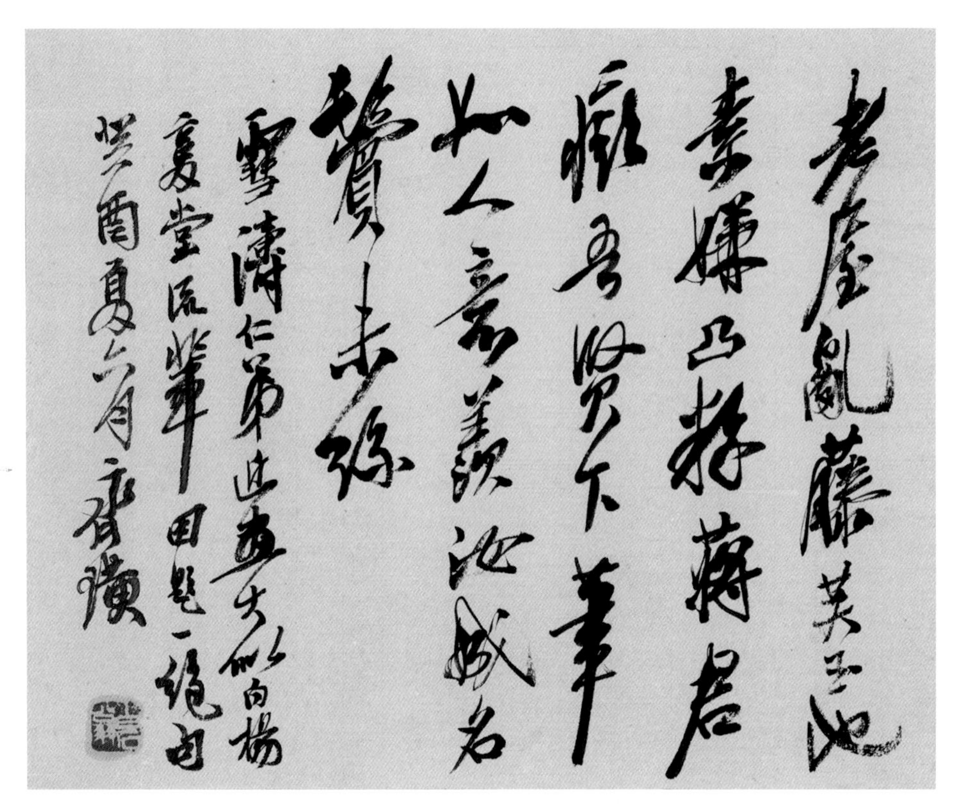

王雪涛《诗意花卉册》之一
王雪涛纪念馆藏

录：近年来常过从之弟子，娄绍怀、陈纫兰、李苦禅、李可染、王雪涛、卢光照、刘冰庵、王庆雯、余钟英、罗止祥、姚石倩、姜文锦等。白石老人为雪涛先生作画、题画、治印、拟定润金。[4]可以看出，齐白石对王雪涛人与艺的喜爱与器重。而作为学生王雪涛一生尊师重道，他每月都定期到老师家看望和问候。齐白石、王梦白、陈半丁等老前辈也常请雪涛迟园做客，有时谈画理，有时乘兴合画几张作品。[5]如1927年王雪涛与前辈凌直支合作《迎春图》，齐白石题款："鸭有鱼有笋有鼎有，画家可惜不添杯，直到何时方饮酒。雪涛弟属题。已巳春，齐璜。"北京画院还藏有齐白石、王雪涛、陈半丁、汪慎生、吴镜汀、萧愻合作的《秋趣》。老师有事需要帮忙王雪涛也是义无反顾，比如他曾帮齐白石印制过画册。1932年7月，由徐悲鸿帮助齐白石编印的《齐白石画册》由上海中华书局正式出版发行，其中收录大部分山水画。齐白石或许对此画册不甚满意，便急不可待地委托门人王雪涛、张万里重新印制了画册。北京画院藏有16本影印本《白石画集》（第三册），上有齐白石自己的题签，收录齐白石花鸟画作品22件。最后一页印了齐白石书写的"门人王雪涛、张万里代印。精品定价二元四角。"

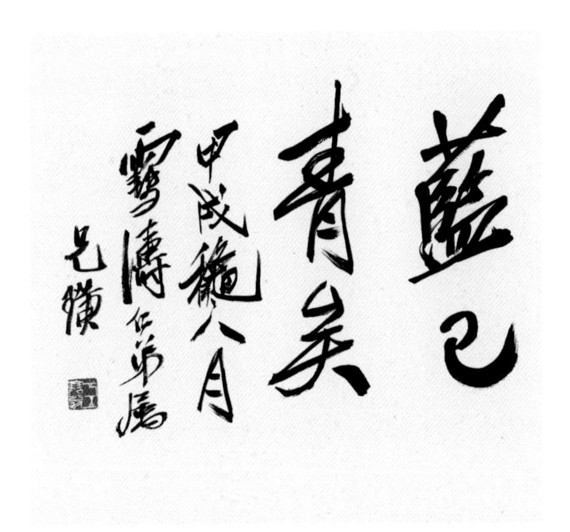

王雪涛《墨妙册页》之一
王雪涛纪念馆藏

王雪涛、凌直支合作《迎春图》，1927
王雪涛纪念馆藏

蓝已青矣

王雪涛为齐白石的得意门生。老人常说："我有苦禅、雪涛二弟子，吾愿足矣。"王雪涛早年的作品如《清白图》《不倒翁》《荷花图》《蔓草寒烟》（图 15）可谓是"白石手作"。其在体察花鸟的细微之处以及整体构图、色彩上都是与齐白石一脉相承的。他深入领会了齐白石在中国绘画色彩上的运用，在《学画花鸟画的几点体会》他讲道："齐白石以浓墨画白菜，旁边并列二个带有黑蒂的深红小辣椒，色彩感觉十分鲜明。他画的黑白蜡台，插上红色蜡烛有着同样的效果。红、黑二色产生的艺术感染力，古代人就很熟悉，如中国的漆器、希腊的瓶画。它有鲜明的对比，而又庄重饱满。"[6] 王雪涛在色彩运用上也得红黑之法，如他创作的牡丹以墨色描画枝叶，衬托红色花头，突破了红花绿叶的格式，除却了柔媚之气。用色虽少，但整体效果突出而庄重，色彩不单调，在枝叶上发挥了笔墨效果。他谈到中国画讲求画理、画情、画趣，又引用白石老人《他日相呼》的作品。他觉得："雏鸡争食是生物的自然现象，而在齐白石笔下的'他日相呼'则倾注着人类的情感，和使人联想无穷的意境。一支咬破了草笼爬于其外的纺织娘，有时不是比藏在瓜藤中的更多一番情趣吗？"[7] 正是深得此画理，王雪涛的花鸟画能够抓住自

齐白石、王雪涛、陈半丁、汪慎生、吴镜汀、萧愻合作《秋趣图》

北京画院藏

王雪涛《蔓草寒烟》，1928 年

然界中不大为人注意，自然天成，妙趣横生，打动人心。

齐白石的绘画作品充满了童真童趣和田园诗意，王雪涛也是继承了这一点。他们二人都出生于普通的农民家庭，故乡的草木深入骨髓，乡土生活的见闻逸趣皆映入他们的画作中。白石老人作画“大巧若拙”“妙在似与不似之间”。王雪涛注意到了白石老人脑快手慢的特点，深得白石三昧。他才思敏捷，技巧灿然夺目，同时受到了西方写生的绘画方法，其绘画笔墨与色彩相生发,更得自然之“巧”趣。王雪涛作品中更多的是一种清新活泼、乐观浪漫的时代特点。其绘画没有走齐白石大写意一路的画风，而是自辟蹊径，开创了小写意花鸟画的时代。但他影响了一批花鸟画学习的入门者，他的绘画已经渗入到了民间百姓，成为一种文化视觉的基因。二人皆代表了新中国花鸟画欣欣向荣的时代新貌。

1 梁鸿《花鸟传神笔法精 千秋自会有公评——王雪涛绘画艺术新论》,《荣宝斋》，2017 年 3 月，第 80 页

2 鲁光《李苦禅忆齐白石》,《报刊汇萃》，2012 年第 8 期，第 53 页。

3 马国权《近代印人传》，上海书画出版社，1998 年，第 396 页。

4 胡适《齐白石年谱》，浙江人民美术出版社，2020 年，第 48 页。

5 萧朗《回忆先师王雪涛》，北京画院《墨海灵光——王雪涛花鸟画精品集》，文化艺术出版社，2010 年，第 146 页。

6 王雪涛《学花鸟画的几点体会》，北京画院《墨海灵光——王雪涛花鸟画精品集》，文化艺术出版社，2010 年，第 5 页。

7 王雪涛《学花鸟画的几点体会》，北京画院《墨海灵光——王雪涛花鸟画精品集》，文化艺术出版社，2010 年，第 6 页。

淡水道义

——王雪涛与王梦白的师生之道

王　丹

王梦白是王雪涛在北平艺专时的良师，王雪涛早年受王梦白画艺影响很大，他们亦师亦友的亲密关系一直持续到王梦白去世，王雪涛亲自奔赴天津为梦白先生料理后事。

王梦白作《猫石图》（局部），1930 年

王梦白

王雪涛

1920 年 44 岁的陈衡恪（陈师曾）推荐 32 岁的王梦白担任北平艺专中国画系教授。1929 年 4 月，王梦白应邀赴日本介绍中国画艺术，在东京、大阪两地曾举办个人画展，在日颇有影响。王雪涛在北平艺专的另一位良师就是王梦白先生。

王梦白（1888 — 1934），名云，字梦白，号破斋主人，江西丰城人。王梦白师从吴昌硕，王雪涛在《忆梦白师》中记载有吴昌硕对梦白画艺的评价："梦白王君嗜画成癖，古意横溢，活泼生动。""古意"和"生动"极准确地道出王梦白在艺术上的特点。"师于古而不泥于古"是一个优秀中国画家的首要要求，王梦白的艺术追求也深深地影响着我的祖父王雪涛。正如他回忆文中所说："每日上午，在家中作画时，我总去观摩，每每有所得，回住处立即摹写，画纸未干，就急切地卷至老师家请教，他总能一一耐心指点，鼓励、爱护学生的成长。每当他酒酣意浓时，信笔挥洒，与学生共纸合作……"学生求学心切，老师爱护有加。这期间二人合作画亦多，师生情谊也可见一斑。

1931 年，王梦白与祖父王雪涛合作《梧桐八哥图》款："辛未中秋后五十日，偶与雪涛合作，亦不必注，谁写何物，鉴者料难辨识也，画毕复题新罗山人句，夕阳桥外风分雨，薄暮桐阴鸟哺儿。又值客园春去后，梨花相索也无诗。""鉴者料难辨识"说明当时的王雪涛已充分掌握老师的画艺，合作中与老师笔法一致，到了难以辨认的地步，才华

王梦白、王雪涛合作《梧桐八哥图》，1931 年

王梦白、王雪涛合作《石榴图》，1934 年

王梦白《柳蝉》，1927 年

上也得到了老师赏识与肯定。时年王梦白 43 岁，雪涛 28 岁。1934 年王梦白与祖父合作《石榴图》。王梦白题跋："一枝榴实经秋老，定是宜男在石头。补竟复题句，王云。"祖父自题："皮相莫轻酸涩子，个中佳味比天浆。甲戌谷雨夜窗写意，雪涛。"祖父纵横潇洒的笔意，已得王梦白艺术的精髓。

雪涛学习王梦白的绘画作品很多，20 世纪 30 年代作《猫石图》，并自题："白石夫子大人命画，门人王雪涛。"另一幅是 1933 年王梦白作《墨笔狸奴》，王梦白题："黑面狸奴别样娇，夕阳西下敛浮嚣。立身自有清心

王雪涛《猫石图》，20 世纪 30 年代

王梦白《墨笔狸奴》，1933 年

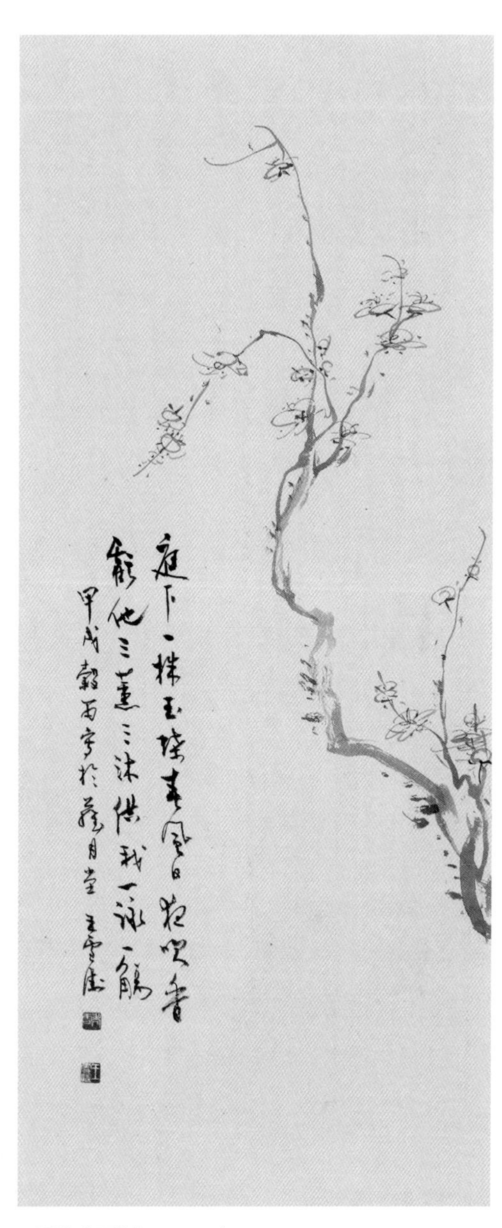

王雪涛《墨梅》，1934 年

处，望里蝉声过板桥。”以及另一幅祖父 1934 年作《墨梅》，并自题：“庭下一株玉蝶，春风日夜吹香。亏他三薰三沐，供我一咏一觞。甲戌谷雨写于萝月堂，雪涛。”另两幅是他作于 1945 年的《蜜蜂豆荚》和王梦白 1927 年作品《柳蝉》。在这几幅作品中，清晰可看出早年师承王梦白的笔法与画艺。

1932 年雪涛作《诗意花卉册》，其一《水仙》自题：“花盟平日不曾寒，六月曝根高处安。待得秋残亲手种，万姬围观雪中看。壬申冬初佩遽内子归宁写此寄怀，雪涛。”作于祖母离家去南京教书期间。王梦白在此册中

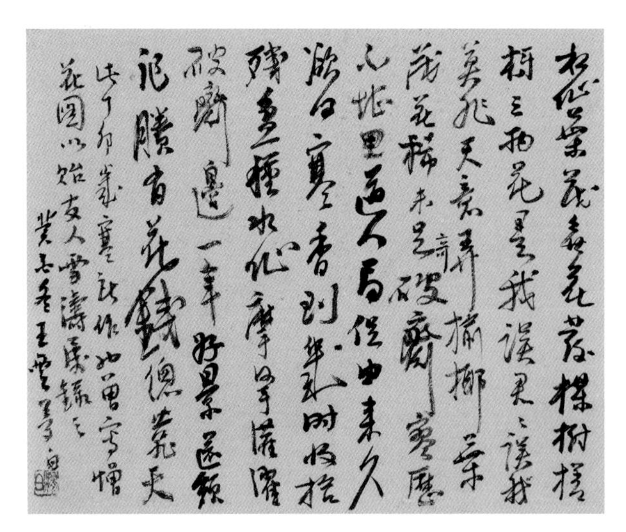

王梦白为《诗意花卉册》题跋，1932 年

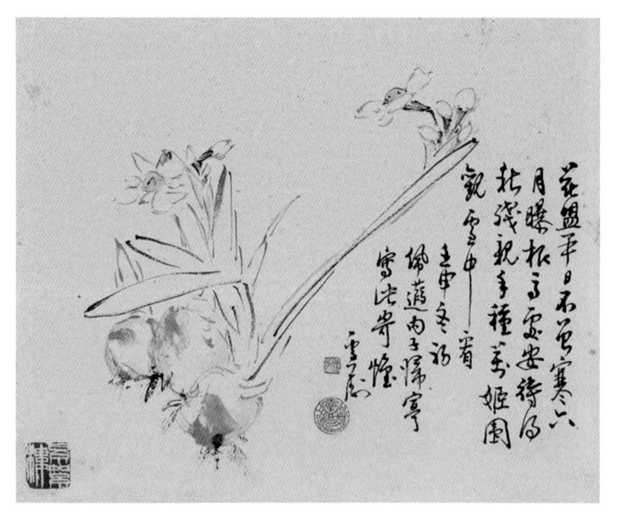

王雪涛《诗意花卉册》，1932 年

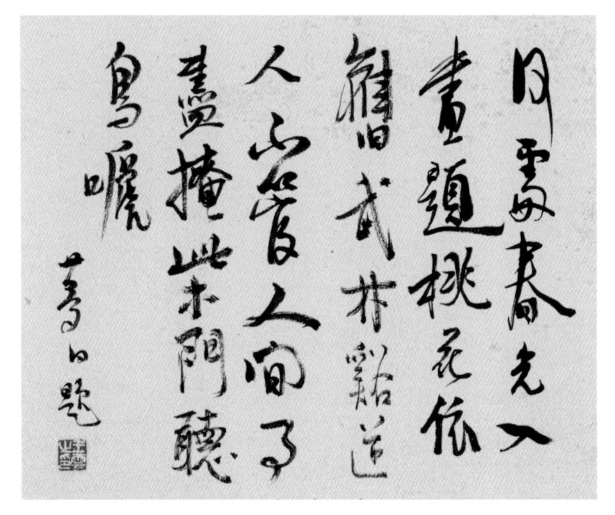

王梦白为《诗意花卉册》题跋，1932 年

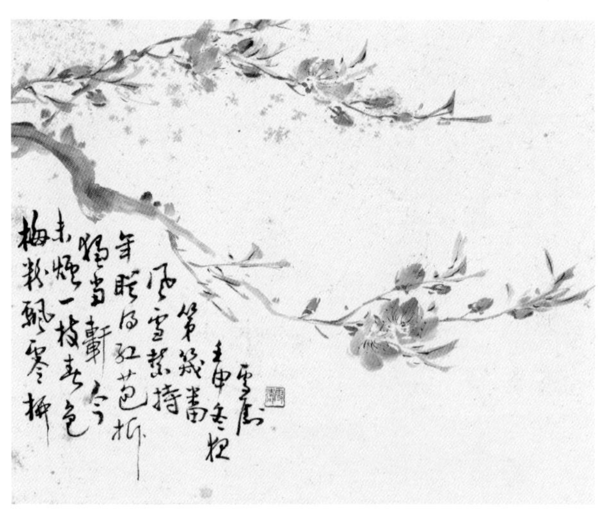

王雪涛《诗意花卉册》，1932 年

为《水仙》题："水仙叶茂旧花发，棵树槎枒三两花。是我误君君误我，莫非天意弄揄揶。叶茂花稀未足奇，破斋寥历不堪思。道人局促由来久，欲问寒香到几时。收拾残盆种水仙，摩挲灌濯破斋边。一年好景还须记，胜有花钱总靠天。此丁卯岁寒新作也，曾写憎（赠）花图以贻友人，雪涛属录之。癸酉冬王云梦白。"王梦白斋号为"破斋"，诗中写尽"破斋"生活的局促与寒苦，但内心依然安详，时时有着一颗对自然美的发现之心。他对生活抱着"饭疏食饮水，曲肱而枕之，乐亦在其中矣。不义而富且贵，于我如浮云"（《论语·述而》）的态度耳濡目染影响了我的祖父。此册页共八开，其中王梦白题跋就有七开，齐白石题跋一开。

其二《桃花》，祖父自题："梅粉飘零柳未烟，一枝春色独当轩。今年盼得红苞折，风雪禁持第几番。壬申冬夜，雪涛。"王梦白题："何处春光入画题，桃花依旧武林溪。道人不管人间事，尽掩柴门听鸟啼，梦白题。"

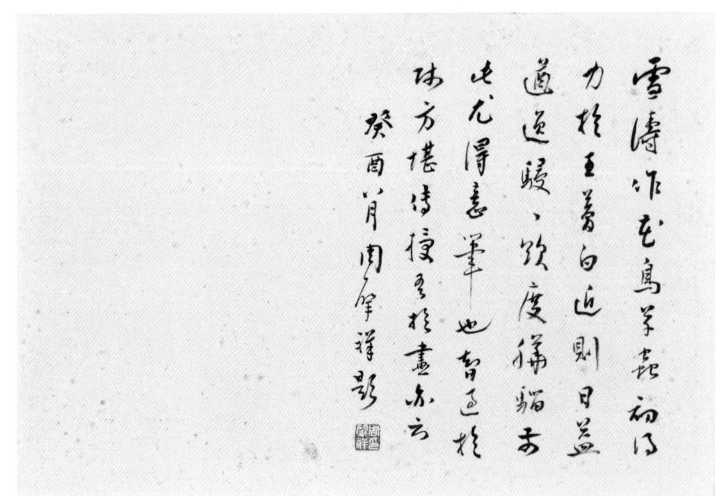

周肇祥为《雪涛墨妙》册页题跋，1933 年

祖父和梦白先生一觞一咏之间流露出师生情谊，时年王梦白 44 岁，祖父 29 岁。此时期雪涛的绘画作品在概括物象的基础上注意笔墨生动，色墨浓淡更唱迭和，也是他很爱题诗的时期。后来在“文化大革命”期间，几乎只题姓名，有时连日期都没有了。

1933 年王梦白为祖父《雪涛墨妙》册页题签，其中一开为：“两张破荷叶，一朵大莲花。秋来经雨后，还听蟹抓沙。癸酉新秋梦白题。”梦白先生诗中表现出自然的生意，正所谓“诗中有画，画中有诗”，与祖父的画相得益彰。雪涛画作取法多师，曾追摹陈淳，徐渭，八大，扬州八家中华喦、李鱓等，此幅册页显然有扬州八家中李鱓的笔意。册页末尾有周肇祥题跋：“雪涛作花鸟草虫，初得力于王梦白，近则日益遒逸，骎骎欲度骅骝，于此由得意笔也，智过于师，方堪传授吾于画亦云。癸酉八月周肇祥题。”周肇祥（1880—954），字嵩灵，浙江绍兴人，清末举人。中国近代书画家，北洋政府官员。徐世昌任大总统时，其任湖南省省长，古物陈列所第四任所长。富收藏，专金石字画。善书画，书法以楷、行为上，承孙过庭、董香光。工梅花，清雅古逸，有文人画意趣。徐世昌下野后，曾出资创办中国画学研究会。徐世昌任名誉会长，金城任会长，他任副会长。跋中周肇祥对雪涛画艺盛赞有加。时年王梦白 45 岁，周肇祥 53 岁，我的祖父 30 岁，当时他们之

王梦白《鬼趣图》，1923 年

王梦白《兔》，1928 年

王梦白《利犬》，1933 年

间关系密切。在民国初年的北京，金石书画之风大盛，有金城等人成立的湖社，有周肇祥等人发起的中国画学研究会，还有齐白石、陈师曾、王梦白授课的美术专科学校，聚集了一批金石书画学者和艺术家，他们相互探讨艺术，切磋画技。

40 岁以后，王梦白寓居天津，贫穷潦倒，1934 年王梦白病故。祖父非常痛心，奔赴天津为梦白先生料理后事。他曾经收集王梦白先生的作品照片，一心想为其出版画册。祖父在《忆梦白师》中记："才能情发于内而形诸于外。他能把观察体会化为生动的艺术形象，是得力于默写功夫深厚。在日常观察中，敏锐地捕捉对象的精神特征和生活习性，抓住本质而铭记心中，待到作画时，下笔如在腕底，笔下形神兼备的艺术形象，自会油然而生。这种强调深入观察、师法自然的创作方法，在当时那种因循守旧的风气中，是十分可贵的。也使他的绘画具备了自己独特的风格。"梦白先生的创作风格也为雪涛继承，并力学笃行地贯穿在他一生艺术实践之中。1923 年王梦白作《鬼趣图》，梦白题跋："老

王梦白《池戏图》，1932年

髯袒钜腹，啖兴何其豪。欲尽世间鬼，行路无腥臊。”1928年作《兔》，1930年作《猫石图》，1933年作《利犬》并题：“昂头竖耳伏轻尘，露爪张牙惯啮人。可恨眼中多势利。衣衫褴褛便生瞋。”

1933年怀英制版局出版的祖父画册影印本之四幅立轴，时年祖父30岁。这本画册中有很强的王梦白画风的影子，还可以往前追溯到任伯年、华新罗的画法。雪涛题跋：“任伯年有本，癸酉春月背拟于志林室，雪涛。”“山禽原不解吞愁，谁道东风雪满头。迟日满栏花欲睡，双双细语未曾休。癸酉春分雪涛写元人诗。”“拟元人法癸酉春月，雪涛。”“背临元人绢本巨幅一角，雪涛。”这本画册中作品可以全面地看到雪涛早年的绘画轨迹。

祖母徐佩蘧学习西画的同时也拜齐白石为师学中国画，我曾见到过她画的一张《美人蕉》，细腻又不失灵动。当时王梦白画《池戏图》相赠并题跋：“佩蘧同学擅西法写生，恐吾之画法不能与其抗衡也，一笑。”也可看出他们的师生情谊之深厚。

（因篇幅限制，本文有删减）

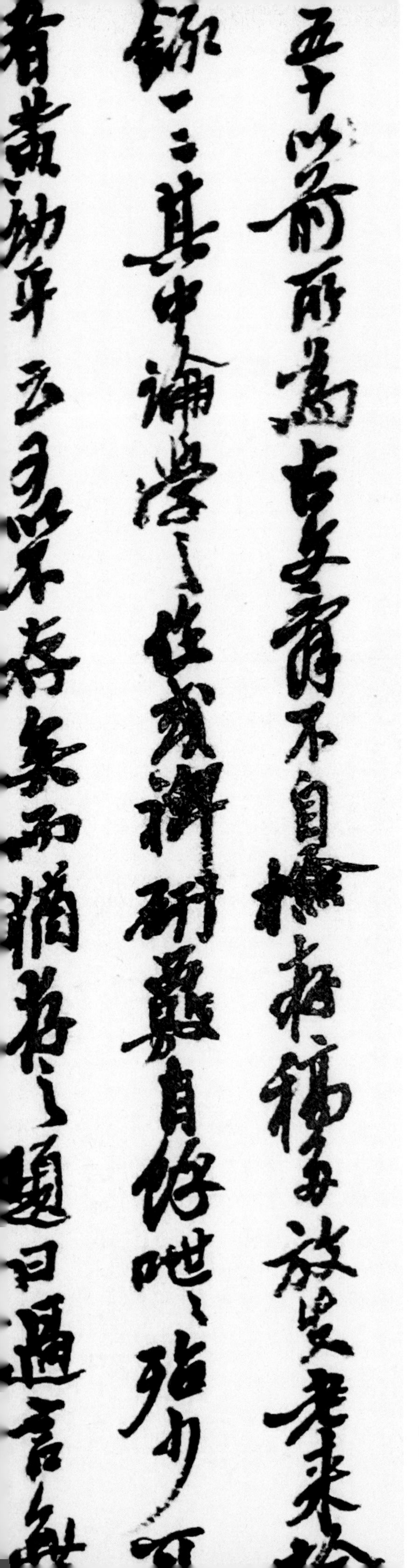

潜鳞戢羽

——朱鼎煦的多维身份及与沙孟海的交往探幽

陈　磊

从沙孟海书学院收藏的文献资料发现，曾经风云一时的大收藏家朱鼎煦与沙孟海有着至深的情谊。正因为朱、沙二老在诸如艺文交流、处理官司、结伴出游、撰写文辞、著书立说等方面有着频繁地往来，这为二老在书画鉴藏上的识见交换、互通音讯、眼界开阔起到了极为重要的作用。

沙孟海《过言集》（局部），1950 年
沙孟海书学院藏

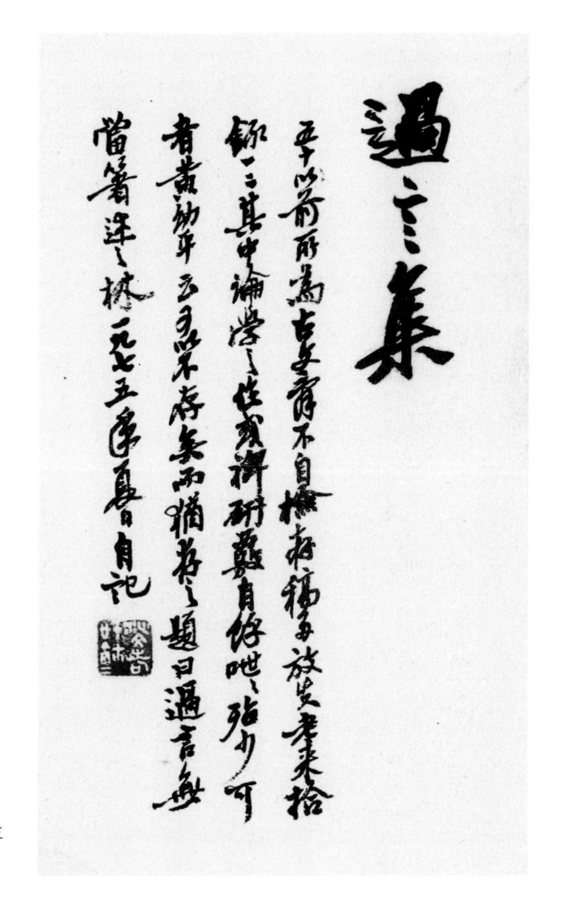

沙孟海《过言集》，1950 年
沙孟海书学院藏

在沙孟海书学院的众多藏品中，有几件鲜有问及的文献引起了笔者的关注。它们虽极少被出版、展出和研究，却宛如一块块大小不一的历史碎片，将它们重新排列组合后，为我们串联起了一段被遗忘的往事。这段往事的主人公正是曾经风云一时的大收藏家朱鼎煦先生。

朱鼎煦的生平事迹和多维身份

关于朱鼎煦的人物生平，1975 年沙孟海曾集录 50 岁以前所作古文辞为一册，题曰《过言集》，此册中收录《朱君生圹志》一文，详细交代了朱鼎煦的生平事迹："君名鼎煦，字赞父，浙江萧山人。弱冠读津，洞烛物情，智思局干，度越流辈。而体蹈冲夷，不乐仕进。一除鄞县法院推事，未几谢去。留居甬上，为律师卅年，所以为辩护之职，务申民隐，扬直抑顽，有益人群。"[1]

由此可知，朱氏籍贯浙江萧山无疑，且年少有为，才智过人，因"不乐仕进"，在担任"鄞县法院推事"后不久，"未几谢去"。

此后，“留居甬上”为“辩护之职”达30年之久。此段历史，在相关资料[2]中亦有印证：朱氏毕业于浙江官立法政专门学校，先后担任鄞县法院推事、绍兴龙山法政专门学校教员、杭州法政专门学校辩护士；1914年后，在甬上开设“朱鼎煦律师事务处”，因其“学识渊博，文笔锐利”，成为了民国时期宁波著名的大律师，“为当时律师界第一枝笔”。律师，是朱鼎煦的第一维身份。通过长达30年的耕耘付出，朱鼎煦不仅享有“务申民隐，扬直抑顽，有益人群”之功，更“获酬颇丰，遂卜宅置产”得以“占籍宁波”，也为朱鼎煦的第二维身份——藏书家的养成，奠定了雄厚的经济基础。沙孟海《朱君生圹志》又云：“是亦为政而不牵于位，故得游心艺文，分功幽讨，丹黄在手，检校不辍。惧世代巨纱变，遗文失坠，搜蓄典籍，积久寖富。……大凡善本三百四十六种，《鄞志》具详其目。寻常卷帙，又什倍之。……甬上数藏书家者，前有范氏天一阁，四百年犹存；近则冯氏伏跗室，君之别宥斋，并致休声，为世引重。”[3]沙老此文，大抵三层含义：一为朱氏“游心艺文”，尤有典籍检校之癖，尝“丹黄在手，检校不辍”；二为朱氏好蓄书，名其所居之室“别宥斋”，凡遇流散藏书散出，不惜重金收购，“积久寖富”；三为近世甬上数藏书家者，非朱氏“别宥斋”和冯氏“伏跗室”莫属，二者“并致休声，为世引重”。事实上，关于朱鼎煦藏书的文字记载，于各类文献中并不罕见，也不乏学者对此发表论述，如当常熟毛氏汲古阁、歙县鲍氏知不足斋、余姚卢氏抱经堂、萧山王氏十万卷楼、陈氏湖海楼、山阴沈氏鸣野山房，鄞县范氏天一阁、卢氏抱经楼，慈溪叶氏退一居等诸家流散藏书尽归朱氏别宥斋之时，《鄞县通志·文献志》有载“如水赴壑，集于朱氏”云云。对于朱氏藏书之巨、规模之宏、版本之珍，世人有目共睹，本文不复赘言。在此提及，仅当为其“藏书家”之身份作注耳。除律师和藏书家的二维身份外，朱老在书画收藏领域亦卓有建树，立有丰碑。

与沙孟海的交往探幽

朱、沙二老交游往来繁密，且在交往的过程中有包括文稿、书信、日记等诸多文献问世。这些文献对了解二老的交往有相当重要的意义。事实上，仅凭朱老请沙老为其撰写《朱君生圹志》一事，足可说明二老至真至诚的手足之情。何为“生圹志”？即为未殁之人所撰之墓志也。试想，此若非善毫翰且亲近者岂可为之？除却此文，现将文献中所涉朱、沙二老交游活动之事例爬梳一二。

其一，《为萧山朱稺谷先生七十征文启》。此文乃沙孟海为朱稺谷（朱鼎煦之父）七十寿诞而撰写的征文启事。当时曾印制过约A3尺寸大小的单页文稿，然传世极少，也未曾公开发表。文后有八人署名，分别为：张美翊、王家襄、阮性存、盛邦彦、冯幵、张原炜、陈夔枢、沙文若。此文虽为八人联名所发，但有学者考证，此文实为沙孟海一人所撰。据沙孟海日记（1924年5月12日）所载：“……得酂卿书，嘱为其尊大人七十寿撰启征文。”由此便知，此文正是朱鼎煦为其父朱稺谷操办七十大寿而嘱沙孟海撰写的。全文及

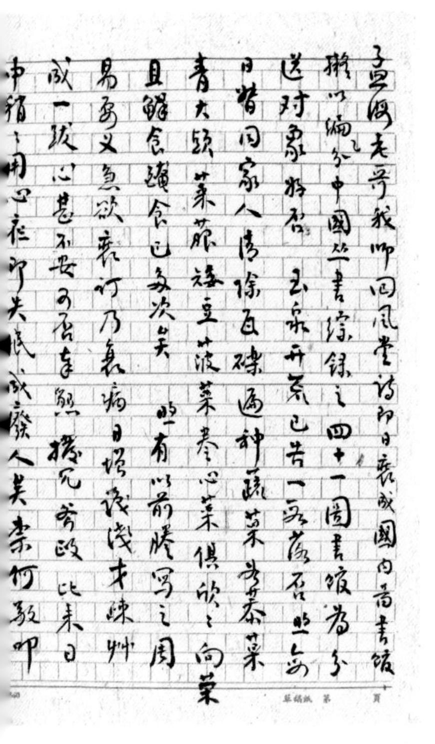

朱鼎煦《朱鼎煦致沙孟海书》
沙孟海书学院藏

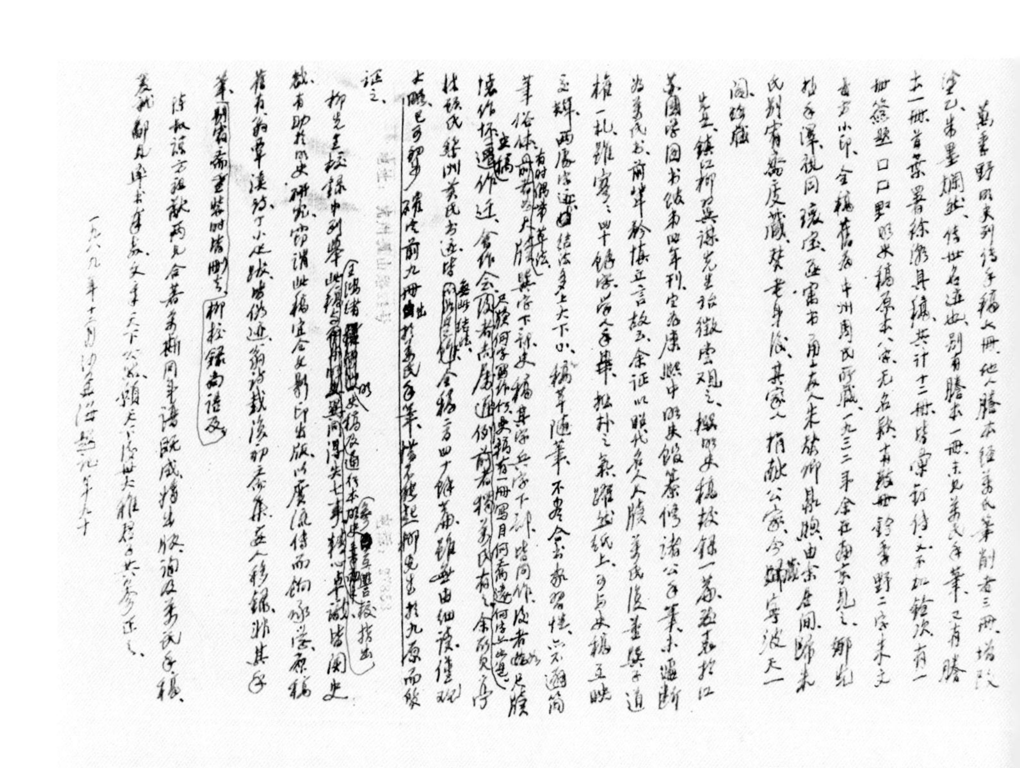

沙孟海《万季野〈明史稿〉题记》手稿，1989 年
沙孟海书学院藏

相关考证，请见李本侹《新发现沙孟海所撰的两篇文章》一文。

其二，《朱鼎煦致沙孟海书》：“……煦有以前誊写之《周易要义》急欲装订，乃衰病日增，识浅才疏，草成一跋，心甚不安，可否奉恳拨冗斧政？……”此函是朱老请沙老为其所撰《周易要义》之跋文“拨冗斧政”而书。虽短小精悍，然朱氏对沙孟海的敬仰与感佩跃然纸上，流露出其对沙老发自内心的信任与肯定。

其三，《万季野〈明史稿〉题记》。此文为沙孟海于 1989 年 12 月所撰，曾发表于《宁波大学学报》。据方祖猷先生在《万斯同年谱》（新版）后记中回忆：当时沙老对此文极为慎重，曾三易其稿，以致香港中文大学出版社已定稿印刷无法收入初版之中，甚为遗憾。2021 年，《万斯同年谱》以增订本形式再版，此文作为代序收录于《万斯同年谱》（新版），以补初版之失。方先生所言非虚，无怪乎笔者曾于院藏文献中得见此文的多个版本，也由此打消了心生的疑惑与不解。文中详述了朱鼎煦收藏万氏《明史稿》的来龙去脉：“1932 年，余备员教育部，周来南京，自言是辛亥革命老同志遗族，年前呈此稿到行政院，申请政府购藏。行政院发文教育部处理。当时尚未成立中央图书馆，物主索值又昂，悬案未结。余提看原件，审为名迹，又是乡先哲手泽，喜不自胜，亟寓书甬上，友人朱赞卿鼎煦，由余居间，归朱氏别宥斋庋藏。赞老身后，其家人捐献公家，今藏宁波天一阁。”[4] 关于《万季野〈明史稿〉》，作为二十四史唯一存世之稿本，其价值和重要性不言而喻。从文中可知，这部朱氏别宥斋中最具份量、最为世人瞩目的藏书，便是由当时“备员教育部”的好友沙孟海先生审定并为其引荐收藏的。然沙老此举，也有其“私心”所在。

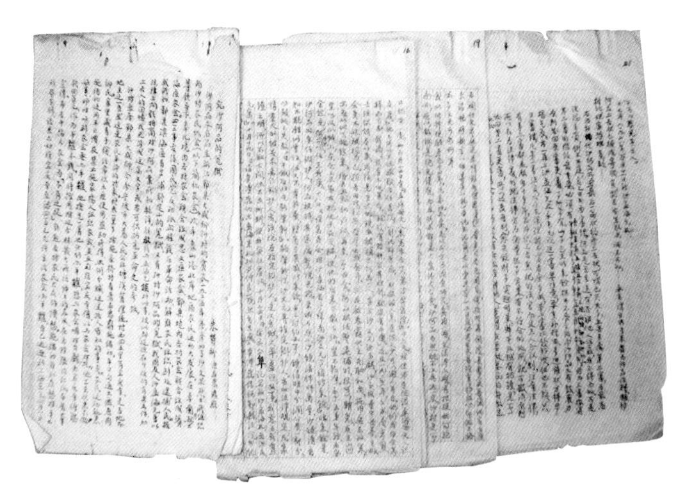

沙孟海《记沙阿品的冤狱》
沙孟海书学院藏

朱氏于《万季野〈明史稿〉》后跋曰："1934年（年份或回忆有误），周氏携至金陵，谓河南革命遗族亟需抚恤，其值高悬，无人问鼎。沙村书来，称楚弓楚得，当归甬上。余非鄞人，走告伏跗、蜗寄，则皆固拒。函电交驰，不绝于道，属有天幸，归于余箧。与黄梨洲氏《明文案》稿本为侣，同为句章双璧。"文中"楚弓楚得"一词，恰如其分地道出了沙老的"私心"：《明史稿》为鄞人万斯同所撰，乃"乡先哲手泽"，如能"楚弓楚得"，归于甬上，实属天幸！朱老对沙老留意桑梓的良苦用心甚为感佩，因自身并非鄞人，便"走告伏跗、蜗寄"[5]，无奈因"其值高悬"，两家只能作罢。最后，朱鼎煦不惜重金买下，使书稿重回故土，并"与黄梨洲氏《明文案》稿本为侣，同为'句章双璧'"也。

其四，《记沙阿品的冤狱》。此文是一份沙孟海先生为同乡沙阿品亲自撰写的辩护书。事情的缘起是这样的：1928年夏日，时供职于浙江省政府秘书处的沙孟海，无意间得见了一份《各地反动嫌疑分子名册》，发现故乡沙村许多农会骨干的名字赫然罗列其中。他预感到事情的严重性，随即将名册中的名字默记下来，托亲信回乡转告，以便名册里的农会骨干及时外出躲藏。几日后，反动派前来抓捕，扑了个空，仅抓到一个名为"沙阿品"的农会积极分子。沙阿品被抓后，其母痛不欲生。沙孟海先生得知后，又托请好友朱鼎煦大律师为其打官司。朱老欣然应允，出面为沙阿品讨回公道，于是便有了这份沙老亲自拟写的辩护书。笔者在得见这份文献时，曾多次向乡人询问事情的结局如何，然至今未能有确切回复者。即便如此，透过这一页页早已泛黄的纸张，传递给吾辈的除了朱、沙二老之间如手如足的深厚情谊，更有沙老留意桑梓的爱乡精神，它们无一不在字里行间传递着历史的声音。

其五，《兰沙馆日录》（1930年中秋）翻阅沙孟海日记，"鼎煦""酂卿""赞卿"的名字随处可见，这是二老往来频繁的最好佐证。从日记中看，二老尝趁公务闲暇之际，吟坐举杯，多有酬唱。沙孟海《兰沙馆日录》1930年中秋的一则日记中，就记录了二老一同饮酒，泛舟西湖的情景："……晡小睡。一时许，酂卿来。晚与酂卿、藻孙弟之小饮。西园贳舟作湖泛，又至三潭印月。中秋后（在

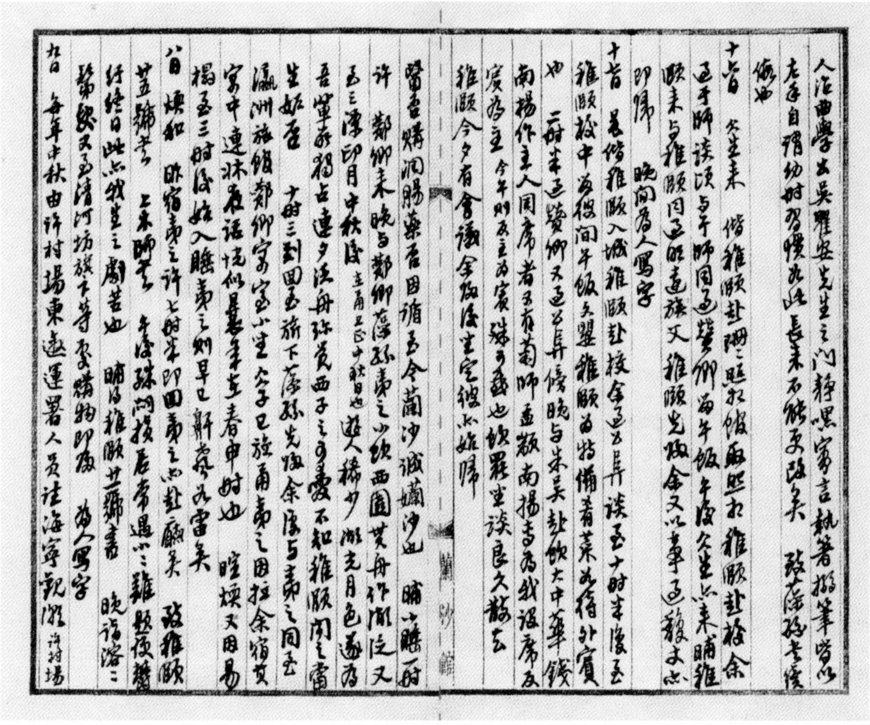

沙孟海《兰沙馆日录》选页，1930 年
私人藏

甬上正中秋日也），游人稀少。湖光月色遂为吾辈所独占。连夕泛舟，弥觉西子之可爱，不知稚颐闻之，当生妒否？……”[6] 像这样的文字在日记中不胜枚举，如“傍晚至女子中学，菊师昨约蘅卿、孟颛及余往彼间参观新校舍及图书馆”[7]、“同道赞卿留午饭”[8] 云云，可见二老的兴致意趣颇为相投，深知公务繁忙、心绪焦虑之时，若有友人常伴左右，也能暂解愁绪，畅叙幽情。在面对时代的洪流、世事的无常以及社会的动荡之时，眼前能有这样的挚友相伴，无论对于朱鼎煦还是沙孟海而言，实属人生一大幸事。

正因为朱、沙二老在诸如艺文交流、处理官司、结伴出游、撰写文辞、著书立说等方面有着频繁的往来，故而建立起了密切而至深的情谊。这为二老在书画鉴藏上的识见交换、互通音讯、眼界开阔起到了极为重要的作用。

1 朱关田总编《沙孟海全集·文稿卷》，西泠印社出版社，2010 年，第 456 页。
2 周采泉《老学斋笔记》（遗稿）之《朱赞卿与〈明史稿〉》一文提及，朱鼎煦考入法政学校，以优贡生毕业，后即于甬上业律师；毛翼虎《梦幻尘影录》中称其“学识渊博，文笔锐利，为当时律师界第一枝笔”。
3 朱关田总编《沙孟海全集·文稿卷》，西泠印社出版社，2010 年，第 456 页。
4 沙孟海《沙孟海论书文集》，上海书画出版社，1997 年，第 771–772 页。
5 伏跗，即冯孟颛先生的藏书楼“伏跗室”；蜗寄，即孙传哲先生的藏书楼“蜗寄庐”。
6 朱关田总编《沙孟海全集·日记卷 4》，西泠印社出版社，2010 年，第 1345 页。
7 朱关田总编《沙孟海全集·日记卷 4》，西泠印社出版社，2010 年，第 1351 页。
8 朱关田总编《沙孟海全集·日记卷 4》，西泠印社出版社，2010 年，第 1350 页。

（因篇幅限制，本文有删减）

回眸

张大千家族家风家训及传承研究

管小平

张大千家族张大千家族祖籍为广东番禺，后迁徙湖北黄州府麻城县世居三代，第四至第十代世居内江。张大千家族历来广受儒家思想的沁润，家族教育中始终遵循传统礼法原则，重视对子孙立身处世、持家治业的教诲。

张善孖（1882—1940）

张丽诚（1884—1977）

张文修（1885—1972）

张君绶（1904—1922）

张大千，原名张正权，又名季、爰，号季爰，字大千，法号大千居士。1899 年 5 月 10 日出生于四川内江，1983 年 4 月 2 日逝世于宝岛台湾。20 世纪中国最负盛名和最具影响力的国画大师之一。张大千家族祖籍为广东番禺，后迁徙湖北黄州府麻城县世居三代，第四至第十代世居内江。张大千家族历来广受儒家思想的浸润，家族教育中始终遵循传统礼法原则，重视对子孙立身处世、持家治业的教诲，“入则孝，出则悌”“谨而信，泛爱众，而亲仁”，努力营造诗礼传家、书香门第的家风。“正心先诚意，国治本家齐。温良恭俭让，子孙永保之”，《张氏家乘》首页所载二十字既是家族班次，又是家训核心，直观地体现了张大千家族公正无私、诚恳不欺、治国齐家、恭谨谦逊、俭约谦让的优良家风。而张大千父母辈、兄弟辈及其子女辈也时刻在尊奉、传承并践行着这一从中华优秀传统文化中积淀而来的家族文化精神。

诗礼传家

张大千家族始终秉承“诚意、正心、修身、齐家、治国”的家训传承，累计培养出进士

张善孖、张大千《五伯图》，1934 年

一人、贡生一人、童生一人、秀才一人，相继在清代及中华民国时期四川内江知县、南溪县教谕以及盐场知事等岗位发光发热，“颇著政声”。第十世即张大千一代，兄弟五人分别在政治、盐业、烟草、水运、钱庄、艺术、教育、医学等领域多有成就，如民主革命烈士张善孖、知名商人张丽诚、医学名家张文修、国画大师张大千、书画奇才张君绶。这与张大千家族崇文重教的家教氛围密切相关，“太夫人嗜书，令媳辈均读书，故家庭中鲜有不识字者”。

“欲治其国者，先齐其家。欲齐其家者，先修其身。欲修其身者，先正其心。欲正其心者，先诚其意。欲诚其意者，先致其知。”四世祖张德富于“康熙二十五年以进士授内江县知县。川乱甫平，城郭残毁。君至，募民修筑，且曰：寇未已也。后李党再煽，他县多陷，独内江无恙，民感威德，依若父母，遂籍内江焉，高曾相承，世守儒业”。八世祖张朝瑞“岁贡生，补授南溪县教谕，以正心诚意，率厉县士，尤重孝弟力田，尝取农桑诸书，授南溪四乡子弟”。九世祖即张大千父亲张怀忠“禀性纯谨，自童蒙授经，及马郡县试文字，皆承庭训”。二哥张善孖，1903 年东渡日本明治大学留学，1905 年在日本加入同盟会。回国后历任乐至、南部、阆中、乐山、蓬溪、三台等县盐场知事，以及总统府咨议、财政部佥事、直鲁豫巡阅使署顾问、察哈尔商都县县长等职，俱著政声。1927 年愤于官场腐败辞职赴沪，与张大千创立大风堂，以鬻画为生。三哥张丽诚从事商贸，颇善经营，早岁开办“义为利”杂货铺，经营自贡盐、内江糖以及日用品等，后运营苏广杂货、振华布店，合股开办福星轮船公司，兴办贵州江华烟厂。其生意“一帆风顺获利甚丰，每年置田产、买街房、修座宅，各地开庄，家中由此称富”。四哥张文修，19岁中内江县秀才（附生），历任成都、资中、内江、重庆“中学教习”。医学修为极高，尤擅妇科、儿科，为四川“四大名医”之一。

仁义治家是张大千家族世代相传的道德规范，长辈时刻要求晚辈对待邻里要常怀乐施之念，不得敷衍自私。母亲曾友贞“至对贫苦者，宁忍冻忍饥以济之”，“家庭万分拮据，而太夫人乐施之念并不稍衰也。迄儿辈迭次成年，或命为学或命为商，各因儿辈之性，近均得于成”。1936年张文修始以“医道问世，在沪悬壶”，1937年在北平“鉴于难民之苦，不取诊金，治愈大疾不少”。1946年冬回到内江后，张文修自办“慈敬堂”，专诊贫民、分文不取、免费送药。诚如曾熙所言：“文吏起家教谕，承流诗书之泽，其衣被远矣。”张大千对弟子也是恒爱有加。1935年何海霞在北平春华楼拜入大风堂时，呈贽资一百银圆。不久张大千即敦还银圆并谓：

张善孖、张大千《猛虎贯日图》，1931年

曾友贞《耄耋图》，1918 年

"你送来银圆，执弟子礼，我如不收，非礼也。现在我还给你，表示师礼，你如不收，亦非礼也。我们都是寒士，艺道之教不论金钱！"

书画持家

近代以来，内江文风"冠于一方""甲于海内"。崇文重教的人文环境涵养了具有浓厚艺术氛围的张大千家族文化。张大千兄弟年幼时，其父亲张怀忠为中兴家道、光大门楣，曾一度以"应试为官"形式走仕途。然而在县试时"屡试屡踬"，后以教谕所言"学官清贫，不足赡妻子，汝辈终身困场屋，不若掘井煮盐，或可疗贫"，旋以手工治盐法奔走商路，拟为家族生计施以经济保障。可惜张怀忠不善经营，最终"营井灶失败"。面对家庭生计问题和丈夫政途失意、生意失败，母亲曾友贞从不自弃，"以笔代耕，颇给岁需"，"当怀忠公营井灶失败，纯赖太夫人售画以糊口，"。曾友贞性至慈良、吃苦耐劳，不仅善于操持家庭、教子有方，且心灵手巧，善绘民间剪纸花卉，尤擅女红、书画，所绘花鸟工谨妍丽，在县城颇负盛名，人称"张画花""张绘花"。1923 年 10 月，傅增湘评价曾友贞《耄耋图》："此戏猫舞蝶图，内江张夫人曾氏友贞所绘也。夫人为吾友张君怀忠之室，清才雅艺，有赵达妹氏机、针、丝三绝之称。此虽写生小帧，而风韵静逸，正复取法徐黄。夫近人之物，最为难工，宣和内府所藏，画猫者惟取李霭之、王凝、何尊师三家，盖其难固在能巧之外者矣。夫人既擅绝诣，晚年尽以手诀授哲嗣善孖、大千，视文湖州张氏女临黄楼障以传子昌嗣，竟成名家者，先后同符，而二子亦咸厉志展能，蜚声海内，号为二难，清芬世守，当代贤之。抑又闻昔人之评画也，猫形似虎，独耳大眼黄为异，惜尊师不能充之以为虎而止工于猫，今善孖独以画虎名，循流溯源，意必承颜奉教为多，然则夫人之充类以神变化，固贤于尊师远矣。"

曾友贞是子女辈书画艺术的启蒙老师。张大千兄弟皆工书、善诗、能画。著名词人谢玉岑赞："太夫人工画信教，不事鸠杖，腰脚康健，而膝有五男十七孙，泰半精通文艺，有声于时。"大姐张琼枝传承了母亲的书画技艺，"姑赋性聪慧，由曾太夫人教授书画皆精，对于女红亦驾诸嫂之上"。年长的二哥、大姐是张大千艺术道路上的引路人。张大千常说："我的画，是由我的母亲、哥哥和姐姐教导出来的"，"予画幼承母训，稍长从仲兄善孖学人马故事，先姐琼枝为写生花鸟。"

张善孖、张大千及其十弟张君绶先后拜入著名书画家、教育家曾熙门下，时称"蜀中三张"。曾熙尝谓："五子皆通才，其三游予门。"张善孖尤善画虎，自号"虎痴"。张大千更是无所不能，无一不通，尤其善绘仕女、荷花，后期创泼墨泼彩技法，达到艺术最高峰。张君绶虽年幼，但经母亲及兄长的谆谆教诲，书画修为极高，曾熙称誉其"年未冠，书画皆过其兄"。

张大千家族书画艺术在第十一代亦得到很好的传承。子侄张心素、张心嘉、张心德、张心亮、张心智、张心一、张心瑞、张心庆等均能书善画，而张心嘉、张心智、张心一、张心德、张心瑞还被纳入大风堂重点培养。

（因篇幅限制，本文有删减）

观点

王雪涛的艺术蹊径

薛永年　王　珑

王雪涛的绘画艺术发端于师造化，继而穷究师承，囊括优良传统，旁参西法良规，以精敏的观察，真切的感受，严格而自成系统的基本训练和表现时代气息的真诚愿望，着力于小写意花鸟画的不倦探索，更善于把自己独特的禀赋、素养、才力和学识融铸进来，因而自成家法，另辟蹊径。

王雪涛《紫藤双鸡》（局部），20 世纪 60 年代

“蹊径”是传统画评中常见的语汇，它每每和评价一个画家的创造性联在一起。说某某“自辟蹊径”，往往包含着由浅入深的两层意思：一谓他形成了独具面貌的个人风格，二谓他走出了赖以形成个人独特风貌的艺术道路。一个画家个性鲜明的艺术风采是有目共睹的，但画家自己趟出的路子，却需要研习者由表及里地分析和思索了。

王雪涛先生是位富有创造性的写意花鸟画家。他的作品生趣盎然、清新活泼，在当代花鸟画中别具一格，但是他从来不赞成为风格而风格，而是认为：“风格是画家在长期艰苦艺术实践中所表现的思想、艺术特点而形成的。”“它是随着画家生活的历史环境、社会因素、个人思想感情，对生活认识的不断加深，技巧不断提高而无时不在变化着的。”半个多世纪以来，王雪涛在写意花鸟、草虫领域反复实践，不息探索，在从不满足的变法图新中，把个人的才能与时代的审美风尚结合起来，终于自然而然地形成了雅正兼善的格调与机趣天然、情意真挚、灵妙生动的鲜明风格，为中国写意花鸟画的发展做出了与众不同的贡献。探讨他的艺术蹊径，对于今天的后生学子将会是有益的。

一

中国花鸟画的名贵之处，并不仅仅由于它再现了自然美的若干方面，而且在于它集中表现了人们在观赏自然美中所兴起的情感、志趣、理想和愿望。在近代画家中，任伯年、齐白石都是擅于构筑意境的大家，而王雪涛也正是一位在花鸟画意境创造上继承发扬了优秀传统的高手。

他的花鸟画既有自然美的丰饶多彩，又有引人生情的艺术感染力量。题材是人们常见的花卉、园蔬、飞禽和草虫，情趣是热爱平凡生活的群众的满目生机的内心世界的流露。在他创造的花鸟世界中，有永远争阳怒放、丰姿绰约的牡丹，四季常红、倩影扶疏的月季，迎风飘香、装点春光的紫藤和露映日摇、曳于金秋的牵牛……有相亲相爱、并肩遨游的鸳鸯、捕捉蚊虫而牵丝摇荡的蜘蛛、活跃于草丛为人们欢唱的蝈蝈和迷恋于花香芬郁的蜂团蝶阵……或争妍怒放、欣欣向荣，或顾盼相怜、乐于职守。这里没有某些文人画的凋疏清旷，也没有许多院体画的脂粉气和庙堂气，难见强加于人的思想情感，更无炫奇弄巧的惊人之笔，而是充满了活活泼泼的生意，洋溢着健康向上、又真挚动人的情趣。

在情与景的结合中把握机趣是王雪涛作品的突出特色。举凡谈意境的人无不论述情与景合、借景抒情，但极少见到有人阐述情致与机趣的关系，即使论及情趣，也是完全作为主观世界的内容来理解的。王雪涛则不然，他在自己的认识中，紧紧关注着观者情感运动与附着，牢牢掌握了自然界微妙而转瞬即逝的机趣对观者的吸引与感染，在二者的契合上悟到了作为空间视觉艺术的花鸟画意境的创造精义，在静止的画面上，找到了情感随景物的运动而进入想象的关钮。他深刻地指出：“一幅画的内容是好的，但总要有情趣才能打动人心。要画得引人生情，要善于体现自然界中不为人注意或者是可能会发

王雪涛《铁线莲花》，约 1961 年

生的一种机趣，从而给人一种意想不到的感受和回味想象的余地。”他还强调“要使观者生情，画者要先自动情”。王雪涛的作品表明，他很善于以画家多情而敏锐的心灵去发现美，在捕捉机趣中表达自己的真切感受和想象，去启发和引导读者共同“神与物游”。他的花鸟画与专擅花卉的画家不同，不仅有画花卉，而且几乎都配有鸟虫。鸟虫的飞鸣、宿食、腾跃、翔舞，无形中给他的画面平添了机趣，给作者驰骋想象、抒发情感架起了桥梁。比如疾驰的翠鸟飞入荷塘，文静的白莲似若羞却地把半个面孔躲在荷盖之后；生性活跃的螳螂弓背缩首睨视飞虫，似乎吓坏了的月季则仰身闪躲；不甘于困囿的纺织娘咬破草笼，爬上豆架啮食诱人的豆花；空余躯壳的蝉蜕犹自伏身桐干，而随着炎热的夏风，知了却已展翅飞翔。诸如此类平凡得不易发现或难于捕捉的情致、机趣和奇思妙想相交织的景象，怎能不使人神往呢？即使描绘静止状态的禽鸟，画家也能在细微的体态中把握住即将动转的契机：闲卧的双鸭未必引人瞩目，但在他的笔下，则令其伏于一角的身体和灵动的尾羽构成了静中寓动的转折，收到了引箭将发的生动效果。了解禽鸟生理特点的人都知道，鸟类的眼睛一般是不会转动的。但既然人物的传神写照全在阿堵中，为什么不可以让鸟眼替画家说话？八大山人为了诉说胸中的孤傲，曾创造了白眼向人的形象，那种遗世独立的感情当然不必仿效，但他的拟人手法难道不值得我们借鉴吗？王雪涛得此启发，为了使画笔下的禽鸟传达人们丰富的情感，总是把鸟眼画得顾盼生情，依视线而转动，这就无形中扩大了花鸟画直接诉诸观者灵府的感染力。

诚然，王雪涛的花鸟画是以平易动人为特色的。比起当代另些画家来，他仿佛没有着力于更密切联系社会生活的立意开掘，也较少特立独行的个性情感的抒发，这也许是一个缺憾。但既然任何画种都有自己的局限性，都只能胜任本身所堪承担的社会职能，那么王雪涛这种始终充溢着健康向上的情趣而从不以个人荣辱毁誉所动摇的无声诗，是否恰恰反映了他胸怀的宽广和对现阶段人民群众所乐于接受的花鸟画艺术的探索呢？

二

中国古代艺术家认为炉火纯青的艺术品都应该是“合于天造，厌于人意”的，是“中遗巧饰外若浑成”的，是“清水出芙蓉，天然去雕饰”的，是“自然”而充满“天趣”的。王雪涛则围绕创造情趣动人的意境的课题，求天趣于功力，化古法于我法，又能执法度于机变，因而，他的作品生意盎然，极尽其巧而人莫窥其巧。

把他的写意花鸟画放在面前，吸引人的首先是情景交融的意境，是鸟啼、花放、虫鸣、蛙唱，而不是脱离形象的笔歌墨舞，也不是莫名其妙的色彩斑斓，更不是出奇制胜、旨在惊人的布局章法。内行人如果有意追索，随处可见良工苦心，可见其深厚的功力和机敏的才思，倘出发点是欣赏，那么内行人或外行人都无例外地首先会越过他包含在意境外面的技巧，而难免同作者一起“随物宛转，与心徘徊”了。

王雪涛之所以竟至于此，是经过了相当严格的基本训练的。积数十年之甘苦，他指出“基本功就是眼、心、手的综合练习”，“要做到三者的协调统一，观察与想象要通过手中之笔，自然、如意地表现出来，做到得心应手”！为达此目的，他从两个方面持续不断地苦练基本功。一是把握瞬间动势情态的造型能力，二是掌握为描写对象服务的丰富的笔墨技巧。在每一方面，他都要求做到“稳、准、狠、美、率、快”，对于其中的“快”字，他尤为重视，以为在稳、准、狠、美、率的同时做到“眼快、手快、脑快”是写意画练习的关键。

为了把握瞬间态势的造型能力，他一生致力于默记（或称默写）与速写的结合。开始，王雪涛学西画，对物写生有相当的基础，然而他更重视传统的默记。他指出：“飞鸟掠目而过，纵然高手摄影师也为之嗟叹，何况人之手眼呢？画家如果不能很好地培养观察、记忆和默写的能力，就不会捕捉生动的形象。”诚然，默记是中国画的优良传统之一。它可以锻炼画家敏锐的观察力、迅捷的感受力、删繁就简的概括力和形象的记忆力。默记能够使画家变被动为主动，不是看一眼画一笔，而是摄取物象的总要和特点。默记的过程是一个从感性上升为理性的过程，是一个有所取舍、强化感受并发挥想象的过程，因而也是一个酝酿胸中意象的过程。这就为写意画家“兔起鹘落”般地变胸中意象为纸上形象准备了必要条件。但是，默记虽然训练了眼和脑，却没有训练手。基于此，王雪涛又把默记和速写结合起来。如果翻阅一下他的速写，观者莫不被那些灵巧生动别开生面的形象所吸引。看似简率却又十分稳健的线条勾画出了各色各样的瞬间势态，疾驰相逐的飞鸟、颈毛直竖的斗鸡、延颈展翅的舞雀、还有轻灵曼妙的鱼儿……这些富于灵性的形象本身已具有令人神驰的艺术感染力了。王雪涛不但通过速写来解决概括而迅速描写对象神态的能力，来抓整体气氛，抓大的动态，抓动人的细节，而且还有意识地把经过默记锻炼的眼和脑反映的准确和灵敏程度付之于手，从而促进了手的肯定和敏捷。这样循环往复，自然相得益彰，终至取得了眼快、手

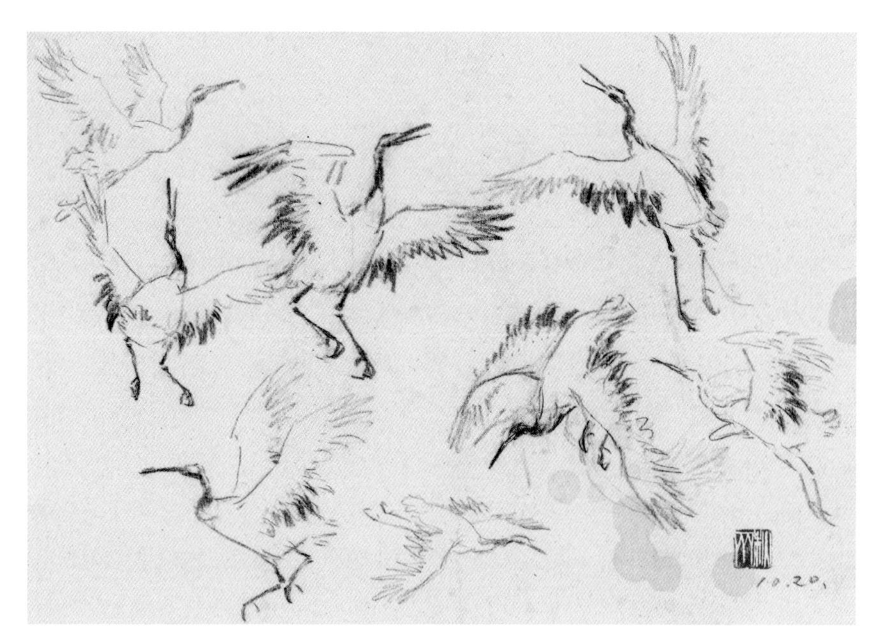

王雪涛《仙鹤》速写

快和脑快在造型上的协调统一。

为了掌握描绘对象丰富的笔墨技巧，他在临摹上同样下了很深的功夫。他明确地认识到“临摹是学习传统技法的主要手段之一”，在相当长的一段时间内，王雪涛经常去故宫博物院临摹古代名作，并从琉璃厂画店借临作品。他把临摹和读画结合起来，从不一笔一笔地照猫画虎，学其皮毛末节，而是首先静坐默看，认真领会其所以然，从效果追溯到方法，从长处而及于瑕疵。在临王一清《双鹰》时，他发现构图不集中，便掉转鹰头，让摹本气脉收拢。他学习齐白石的画法，甚至注意到了白石老人脑快手慢的特点，因此仿品深得白石三昧。齐白石发现自家风范出现于雪涛笔底竟如此酷似，惊叹有加地题道：“作画只能授其法，未闻有授其手者。今雪涛此幅似白石手作，余何时授也？”这说明，王雪涛在临仿别人作品时，一样在思索并实践着脑、眼、手的一致。通过临摹和读画，他对古今各家笔墨技巧的长短都有了深入的认识，如指出“周之冕画竹多用中锋。好处是有力量，不足之处是缺乏气氛，变化不够丰富”，“明代的花鸟画看去很结实，但缺乏生气，何也？笔墨强调得太过分了，脱离了生活内容。”他还用徐渭和王梦白的《石榴》相比较，指出前者以胶调墨，润泽而单调；后者一点雕琢气没有，达到了出神入化的境地。来源于这种从内容出发也考虑效果生动自然的认识，他综括各家之长，形成了以表现对象神采和个人感受为归依的丰富多变的笔墨技巧，时而逆锋，时而出锋，时用揉笔，时用戳笔。在逆来顺往横斜平直间，笔尖、笔肚、笔根都各得其用，干湿浓淡咸得其宜，甚或一笔多色，双管齐下。没有追求笔墨风格，却在表现对象的同时，自然创出了机变灵动，不拘一格的笔墨风格。

有了坚实的造型基本功和笔墨基本功，就为实现表现效果和表现手段的天趣创造了最根本的条件。但基本功仍然不等于创作，因为它没有被具体作品中的立意统率起来，它只是一种潜在的能力，还不是转化为现实的创作技巧。要把它转化为创作中的技巧，

王雪涛《葡荫小趣》，20 世纪 70 年代

使之成为与具体内容密不可分的形式，就需要在腹稿已成的前提下，借助训练有素的基本功挥笔落墨。于是，一个新的涉及发挥并适应材料性能的问题出现了。中国写意画使用的生宣纸，在落笔之后，渗化极快，稍有迟疑，便事与愿违。再有本事的画家，在生宣纸上实施创作意图也只能因势利导。在随机应变中化险为夷，求得气脉贯穿、天衣无缝的效果。这当然需要画家的果断和机敏，而果断和机敏又离不开腹稿在运动中发展实现于纸上的构图法则。这一法则如果照搬前人，肯定难合己意，因此必须消化吸收，变古法为我法，把书本上讲的死的法则，变成有原则又适于机变的方法。

前人对于构图或称布局规律有很多论述，王雪涛融会贯通，结合本身特定的艺术实践，总结出了发前人所未发的"我法"。前人关于布局的"宾主"之说，相沿已久，揭示了矛盾的主次方面，但过于简单。为此，他重新归纳为"主线、辅线和破线"，既突出了主次之别，又体现了多样统一，特别强调了构图的气势或运动趋向，因而颇为精到。他还把传统的"开合"法则发展为"引、伸、堵、泻、回五字诀"。指出"引"者，就是说不要把主题的气质和神态停留凝聚在主题的物质上，而要通过它物有形或无形地把主题引过去，甚至引到画面外，这样可以发人深省、耐人寻味。如牡丹花头与蜂蝶之间就是引的关系。"伸"者，就是说画面上要有向外扩展的部分，使气适当地向外扩散。"堵"者，有时根据整体的气势需要把画面的某部堵住，不使其支离破碎，而使其浑然一体，所谓拢气，不让气散。"泻"者，有时须将气散一散，把滞固的地方破开，使主题稳定舒适。"回"者，就是说画面上要有向回收的部分，使气势收回，不全部泻出去，在呼应关系中起到一种内应作用。一般地说，绘画总是选取现实的片段来显示超出画面的内容,所谓"画尽意在""画外有画"，作为独立成章的作品，无疑要讲完整性，作为现实的集中反映，又必须有引人驰思的延展性。传统的"开合"法则，就是关于这一问题高度概括的认识，也正由于其

王雪涛《紫藤双鸡》，20世纪60年代

过于概括，古代画论又大多离开内容空谈开合的形式，所以易于误会或较难索解。王雪涛取其精神实质，结合主题表现加以阐发。更与“大胆落笔、细心收拾”的制作过程联系起来，因而他的“五字诀”深入浅出，而且有便于实际操作中的随机应变。

虽然王雪涛作品的天趣是以小写意画法表现情景交融的意境时显出的自然，而不是以更概括、更多夸张变形甚或程式化的手法抒怀时显出的真率，但这种求天趣于功力，变古法为我法的精神，是具有超乎个人畛畦的意义的。

三

中国花鸟画历史悠久，源远流长。千百年来出现了不同的时代风格，产生了无以数计的诸家面貌，形成了丰厚的民族传统，积累了变现实为艺术宝贵的经验。这对于我们的好处是，可资借鉴的东西俯拾皆是，而且可望站在巨人的肩膀上。但另一方面要创造确属具备新时代气息的史无前例的个人面貌也就更为不易。王雪涛的艺术蹊径特点在于：他起步于师造化，筑基于遥接古代较少受文人画弊端局囿的师承，涉猎于院体画，又能旁参西法，而且始终不忘师法自然，因而走出了自己的新路。

他学画是从观察感受自然开始的，幼年生活在华北大平原上的小城成安县，那里千年的漳河滋润着沃土，春华秋实，一派辽阔的田原美景。他耳目所接的是：带露的山花迎阳绽开，枝头丛草中的虫鸣鸟唱，满园蔬果的秋实累累，野花野草的浓郁芳香。在这似乎平淡的景色间伺伏着的大自然的无限活力和动人情趣，令他流连迷醉，铭感良深。此时的“登临览物而有得”的审美经验在他幼小的心灵中孕育了日后重视“兴起人意”的花鸟意境的胚芽，也成为他考取北平艺专西画系后又决然转入国画系专攻花鸟的原因。稍后，他虽然以鬻画授徒为生，却从未忘掉对祖国大自然的热爱和表现。日寇侵华期间，他拒绝任教于艺专的伪聘，深入郊野园林体验和描写那无法扼杀的生机。解放前夕，他多次画雄鸡，题为“雄鸡一声天下白”。如果说，前者反映了他的民族气节的话，那么后者正表达了他对新生活的向往。毕生的“外师造化，中得心源”，为他的花鸟画创作奠定了良基。

他步入小写意花鸟的堂奥，不能说不得益于王梦白。王梦白是王雪涛在艺专学习时的老师之一，他的艺术继承了华新罗的意境和青藤、白阳的笔墨，以观察敏锐、风格灵巧、作品富于生活情趣著称。在近代的花鸟画家中，学华嵒的可谓不少，但深得其“剖静汲动机，理趣神可感”妙理者首推王梦白。他虽然年寿不永，但以颖异的才思，把清代中叶华嵒发展的小写意花鸟画的传统继承下来，又传给了得意弟子王雪涛。这一传统的极可宝贵之处是：华嵒的艺术尽管深得文人画家的称许，可是其画风的气质情味已越出了文人学士的传统藩篱，在若干方面与新兴的市民阶层和一般群众息息相通了。王雪涛尊师重道，亲赴津门为身后萧条的老师安葬之事，曾是艺林美谈，而他之广承师学、登堂入室也同样为人所称。很多的师生合作表明，王雪涛的艺术曾经达到了乱真的地步。王梦白在《梧桐八哥》中便十分满意地题道：“辛卯中秋后五十日与雪涛合作，亦不必注谁写何物，鉴者料难辨识也！”这幅作品，不但笔墨上难于区分，就是意境上也完整天然如出一手。画上，四五雏鸟齐集枝头嗷嗷待哺，无获而归的老鸟则默立高枝深情俯视。这是一幅多么令人心酸的图画啊！难怪王梦白说：“从我学者过千人，得吾之衣钵者仅雪涛一人耳。”不过，王雪涛并未止于师承的衣钵法乳，更未局限于华嵒的一个系统，而是转益多师，向古今写意画家的作品学习，渐在灵巧生动的基调中，融进了别家长处，从而进一步提高了艺术表现力。

除去吸收大写意花鸟画洗练纯净的概括技巧外，王雪涛还曾致力于院体画的研索，以图变法求新。1949 年后所作的《芦塘鸳鸯》显见取法院体的某些痕迹，所临《梅花班鸡》竟至与吕纪原作不分上下。其他如林良、孙隆，他都有所取益。毫无疑问，院体画属于皇室的宫廷绘画，贵族的审美好尚难得无所沾染，但院体画家每每来自民间，其状物的精微、布局的饱满、色泽的鲜丽，都是文人画不具备的。通过涉足院体画，王雪涛的艺术增加了新的养分，这无论从花鸟与山水环境的结合，细节刻画的周密不苟或山石的斧劈皴法上，都了然可见。他的写意花鸟较少勾花点叶，尤擅以点垛法层次分明地描写盛开的花朵，更能于点蕊上极尽精臻妍妙，看来也反映了院体花鸟在他笔下的变异。

特别应该指出的还有他对西洋画色彩的借鉴。传统的文人画不少长于用墨而拙于赋色，或许是信奉“运墨而五色具”之故，亦未可知。但随着人们审美习尚的变化，自清代中叶以来，若干文人写意花鸟画家已尝试着色墨交混了。院体画家承继了前代“随类赋采”的传统，由于多作工笔重彩，所以偏重于色彩装饰意味的探求，却也有孙隆及恽派画家发展着以色彩为主的没骨。怎样在写意画中更多地发挥色彩的作用又不失其为中

王雪涛《瓦壶斋晴窗》，20 世纪 60 年代

国画，也是近现代画家面临的一个课题。齐白石很善于色彩对比，尤其是色墨对比。他以浓墨画牵牛花叶，用胭脂作牵牛花，使黑与红形成强烈的对照，又借助花朵中自然流出的白地线纹协调两色，色彩感觉分外鲜明。王雪涛对这种红黑白对比的高妙运用，十分赞佩，并从中追索到古代陶器和漆器上的民间传统。至于他自己则决不如法炮制，却转而在谋求色彩感觉的丰富上另立门墙。谁都知道，中国画以表现对象的“固有色”为主，实际是归纳夸张了的对象的颜色，又凭仗白纸黑墨的效用在对比中求调合，特点是单纯而鲜明。然而能不能利用自然对象的“固

王雪涛《公鸡》速写

有色”，在概括中求得更丰富更有层次的色彩效果呢？王雪涛认为完全可以，他的办法是保持使用“固有色”的特点，旁参“西洋画中的色彩规律”，在和谐统一又丰富的色调中求对比。具体地说，一是运用补色对比，用黄蜂配紫牵牛花，用橙色的蜗牛配蓝色的僧鞋菊，诸如此类，在他的画中屡屡可见。二是经意于统一的色调，或偏暖，或偏冷，注意色彩的感情倾向，增加色彩的层次。以上二者的有机结合便造成了在协调中有对比的丰富感觉。在这一点上王雪涛和偏重于水墨明度变化的画家比，和偏重于色彩纯度变化的画家比，和用大块高度概括色墨的画家比，他的着色花鸟画有意识地使用了冷暖变化，更追求递增递减的过渡，因而自具特色。他主张“经常研究色彩的情绪，培养自己对色彩的感觉和认识”。这一方面与他学习国画以前曾攻西画有关，另方面也是他自觉的追求。20世纪50年代，他的座上客中，就有一名精于西画的老友王仲年（王梦）。他的经常到来，主要是和主人一起商讨如何取资西画营养的。王雪涛也精于以墨代色，墨色渗化，尽管不是每幅上都一定使用大块的墨，却收到了以色助墨、以墨醒色的效果。根究民族绘画的用色传统，在此基础上“具洋以化”正是他在用色上自出新裁的根本原因，也是他的作品赢得人们喜爱的道理之一。

几十年来，王雪涛先生发端于师造化的感受，继而穷究师承，囊括优良传统，旁参西法良规，以精敏的观察，真切的感受，严格而自成系统的基本训练和表现时代气息的真诚愿望，着力于小写意花鸟画的不倦探索，更善于把自己独特的禀赋、素养、才力和学识融铸进来，因而自成家法，另辟蹊径。正像不了解作者的个性、才能就无法把握其艺术风格特质一样，离开了作者所处的继往开来的历史环境，也就不能正确理解和确切估价其艺术道路中具有普遍意义的经验。如果我们不是胶柱鼓瑟地去对待这些经验，而着重于他那基于生活感受，旨在突破偏重个性，抒发或笔墨趣味的文人画的局限，去创造更适合现实多数观众好尚的风格的话，那么，这条艺术蹊径对于今天花鸟画的有志创新者，同样会有一定的启示。

（因篇幅限制，本文有删减）

观 点

还是强调基本功
——观雪涛先生速写

温 瑛

王雪涛大量的速写证明了他严格的基本功基础。他认为“基本功是眼、心、手的综合练习”“要做到三者的协调统一”，观察与想象要通过手自如地表现出来，做到“得心应手”。

王雪涛《仙鹤》速写

传统写意花鸟画的特点在其独有的表现性与写意性，即“天人合一”理念主导下的创作实践。雪涛先生的艺术遵此原则，独特之处是其突出形似又更强调神似，达到形、神、物、我的高度统一而营造出新的艺术境界。他认为“欲使观者动情，画者必先自动情。要师前辈、师自然”，即师传统、师造化，在艺术实践中倡导观察体验，写生、速写和默写，并坚持终生不辍。

此外，先生将毕生创作经验总结出深入浅出的、既具唯一性又普遍性的方法论，我将它们归纳为 19 个字，即：

心、手、眼、稳、准、美、率、快；主、辅、破、引、伸、堵、泄、回；笔、墨、水。

具体讲：

其一，心感、眼观、支配于手，心中有数，胸有成竹，精准、唯美、率性，果断出手，落笔成形，心手相应，笔写心画。

其二，主线、辅线、破线之开合、长短、轻重、虚实有机穿插、相辅相成；引、伸、堵、泄、回灵活机动，就势而适，变化万千的线路结构及章法布局。

其三，笔、墨、水是为写意花鸟画之基本语言。运笔为首要，其次用墨，皆与用水密切相关，笔、墨、水顺序递难，三者相得益彰。

雪涛先生作品鲜活生动，平淡率真，无论何时，观任何一幅，你都会被深深地打动，会被大自然的、生命的、生活的、情意的美感所感染，使你心绪平和舒畅、心志潜笃明达。这是雪涛艺术魅力之所在。

雪涛先生的写意花鸟画艺术，围绕着如何创造情趣和动人意境的这一课题，求天趣于功力，化成法为我法，又能执法度于机变，臻于极尽其巧而人莫窥其巧的境界。他的写意画创作吸引人的是艺术形象，鸟啼蛙唱，虫飞花放，是自然万物充满生命力的能量，而不是脱离形神的笔歌墨舞。他是以自己博厚学养和功力，透过精准而“若不经意”的表现于作品而展现在观者面前，使观者同他一起“随物婉转，与心徘徊”。中国文化即“自然为道”“以人为道”于写意花鸟画即“生命、生活、生意”，亦谓之“三生”。

他的艺术所以达到如此境界与他终生深入生活为因果。大量的速写证明了他扎实的基本功。他认为“基本功是眼、心、手的综合练习”“要做到三者的协调统一”，观察与想象要通过手自如地表现出来，做到“得心应手”。为此，他从两个方面持续不断地苦练基本功，一是把握瞬间动势、情态的造型能力，二是掌

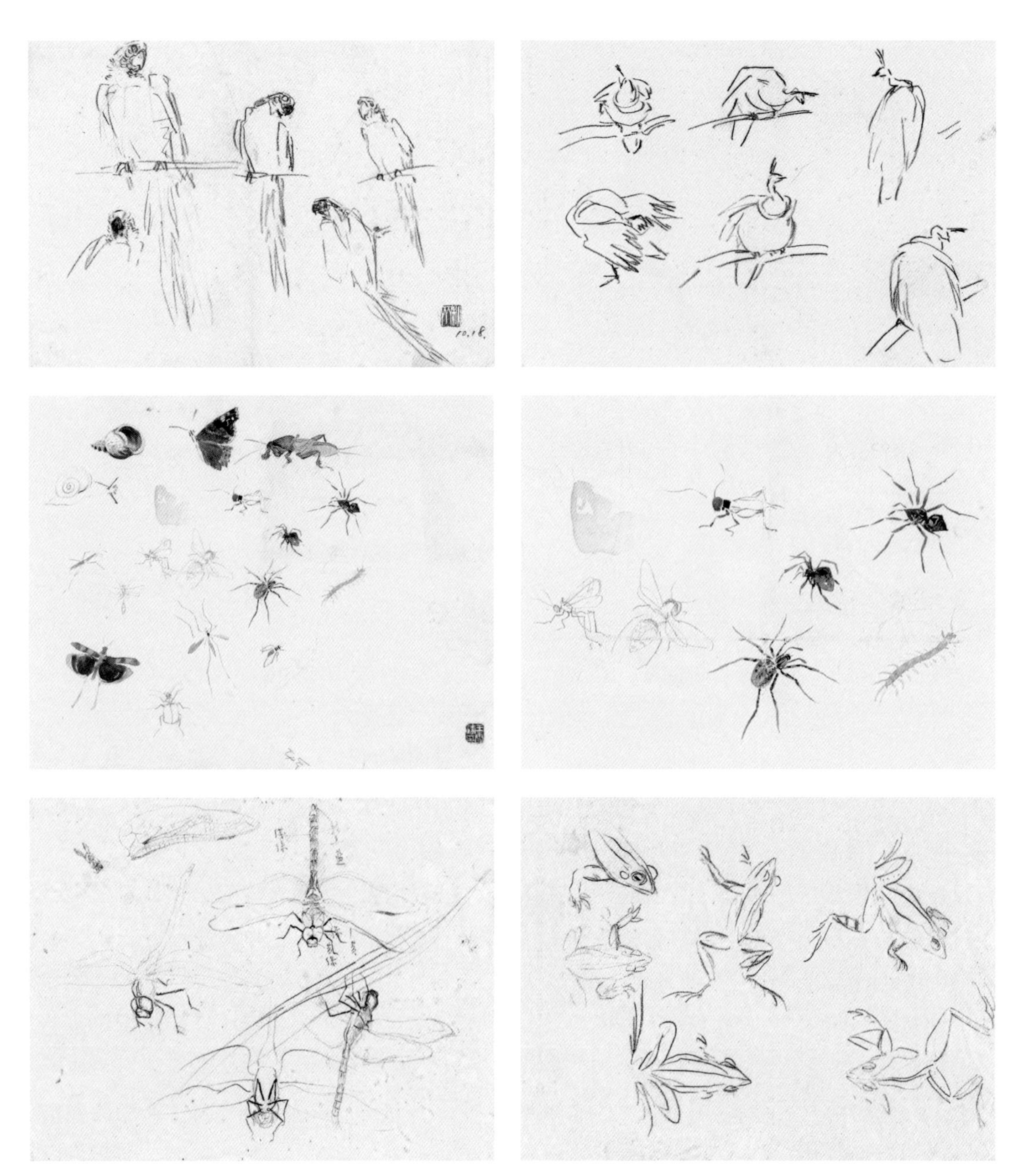

王雪涛速写稿

握为描写对象服务的丰富得力的笔墨功夫。两方面都做到“稳、准、狠、美、率、快”。对于其中之“快”字，他更加重视，以在精准、有力、美的同时，做到“眼快、脑快、手快”，这是写意画基本训练的核心。

为了把握瞬间情态动势的造型能力，他一生致力于速写与默写，以及两者结合的训练。他青年时期习西画，对物写生有很好的基础，然而他更重视传统的默记与默写。他认为“飞鸟掠目而过，纵然摄影师都为之嗟叹，何况人之手眼”，“画家如不具观察记忆和默写的能力，就捕捉不到生动的形象”。“默记”与“默写”是中国画家优良传统特色之一，它们锻炼画家敏锐的观察力、灵敏的感受力、删繁就简的概括力和形象的记忆力，使画家变被动为主动；不是看一眼画一笔而是摄取物象的总

王雪涛《树木》速写稿

要和特征。默记是一个从感性认识到理性认识的过程，因而也是酝酿意象的过程，这就为写意画家“兔起鹘落”般的变胸中意象为纸上形象准备了必要条件，从而使写意画家创作成为可能。这种记忆形象的默记虽训练了眼和脑，却没有训练手，基于此雪涛先生又把默记和默写结合起来，这是他七十年的艺术生涯中，始终坚持不辍的。如果翻看他的速写就会为那些生动灵妙的形象，各色各样的疾驰相逐的飞鸟、颈毛竖起的斗鸡、起舞的仙鹤、轻灵妙曼的金鱼……所触动，因这些速写形象已准确地抓住物之形态、情态、神态而具有令人神驰的感染力了。

画家不但要具备通过速写来解决捕捉概括对象的形神、动势和某些关键细节，同时要有意识地把经过默写锻炼的“眼”和“脑”准确灵敏的反应付之于手，以使手亦灵敏而准确地肯定和表观，即所谓真正的“得心应手”。

造型和笔墨的基本功是画家所把握的技能、技术。而绘画创作需要“立意”的统帅，基本功则需要转化为创作艺术作品的技能和技巧。

所有这些都要强调基本功，它是写意花鸟画创作写意表达的前提和基础。

观 点

东方既白
——李可染的艺术思想探微

李秀君

晚年的李可染奋笔书写了“东方既白”四个大字，表达他在东方艺术之林看到希望曙光时的心境。他改造中国画的思想、苦学的思想、振兴民族艺术的思想，构成了他整个艺术思想体系的主干。

李可染《漓江山水天下殊》（局部），1984 年

李可染作画

李可染毕生对中国画传统的继承与发展作出了不可磨灭的贡献。他在艺术观念的思考与开拓方面，同样也作出了极为重要的贡献。李可染艺术思想的形成与发展，不仅仅是他一生长期艺术实践的经验总结，更是他对继承与发展乃至振兴中国文化的深邃思考。李可染改造中国画的思想、苦学的思想、振兴民族艺术的思想，构成了他整个艺术思想体系的主干。

改造中国画的思想

20 世纪 50 年代初期，人们在谈到中国画的现状时，往往会联系到它存在的公式化、概念化和形式主义等现状问题。不少人对它的发展前景感到十分的困惑和忧虑。1950 年，李可染在《人民美术》创刊号上发表了《谈中国画的改造》一文，第一次明确地提出了要对中国画进行改造的艺术主张，在谈到怎样改造中国画时，李可染提出三点主张。第一点是："必须挖掘已经堵塞了六七百年的创作源泉"。他认为"深入生活"是改造中国画的一个基本条件。只有深入生活，才能够产生时代所需要的"新的内容、新的形式、新的民族作风"。李可染为了实践他改造中国画的艺术主张，从 1954 年起，他先后多次长期深入到生活中去，深入到大自然当中去，作细致的体验写生。他通过对大自然的长期观察、体验，并经过几十年的艰苦探索，陆续创作出了一系列具有鲜明时代精神和强烈艺术个性的新山水画，成功地实现了他改造中国画的宏愿。

李可染《黄山人字瀑》，1981 年

第二点是：“必须批判地接受遗产”。这实际上是怎样对待绘画传统问题。李可染平生十分尊重绘画传统，他认为传统是“沙里金”，是数千年人类智慧的结晶。可是，社会上总有一些人一再否定传统，有人甚至提出反对传统，那是多么无知的表现。传统是历史发展的积淀，是人类历史文明的表征和集中体现。传统只能在历史发展进程中不断地充实、完善和拓展，怎么可以随便地妄加否定呢？当然，笔墨当随时代。随着时代的发展进步，对绘画传统也要不断地取其精华，去其糟粕。但否定或反对传统，实在是荒谬之极的事情。正如李可染所说：“轻视传统或不承认传统的人，是个大傻瓜，那是把自己退到了原始人的地位……”对于绘画传统，李可染也一再讲要尊重但不迷信。传统（包括传统技法）是否对，还要到生活中去检验。李可染早年的江南写生，他除了体验生活之外，其另一个目的，就是要到生活中去体验传统。

除了批判地接受历史文化遗产之外，李可染主张的第三点是：“吸收外来文化的优良成分”，但“在分量地位上应分清主从……必须经过消化，必须把它化成养分，放在中国的土壤里，使它长出中国的花朵”。李可染一生致力于中国画艺术的革新，他在民族传统绘画的基础之上，融汇西方艺术的优良成分，成功地开创了一种艺术上的新风貌。如他创作的一系列具有“光感”意境的山水画，以光影效果经营画面形体，画面上呈现出的是现实生活中的真实空间感，而不是古人传统绘画中较为主观的山水空间经营。在他的画中，始终呈现出一种东方民族的艺术精神和民族气派，透出的是民族传统绘画的气韵，而不是西方自然主义的所谓现代山水画。所有这些，无不体现着他一贯的艺术主张。

苦学的思想

在艺术事业上，李可染自称是艺术上的“苦学派”。1961 年 4 月 16 日，他在《人民日报》上发表了著名的《谈艺术实践中的苦功》一文。

李可染《漓江山水天下殊》，1984 年

在该文中，他针对当时艺术界普遍存在着的不尊重艺术修养和艺术基本功锻炼的倾向，指出：我们的作品赶不上时代的要求，有些作品虽然有着较好的思想内容，但由于意匠手段不高，表现力不足，这些好的思想内容不能充分有力地表现出来，缺少感染力。其重要原因是艺术家们在艺术修养上所付出的代价远远不够，基本功锻炼不够踏实，急于求成并虚浮。李可染在谈到艺术基本功的重要性时说："基本功是从十分繁复的艺术修炼的全过程中，抽取其中有关正确反映客观真实的最根本、最困难、最带关键性的规律部分，给予重点集中的锻炼。这是在艺术创作前基本能力的大储备，也是一种严肃吃重的攻坚战。"在谈到艺术基本功的练习时，他提出两点主张："第一，必须有正确的方向、方法作指导，必须从严肃的规矩和一定的程序入手。第二，基本功既是一种攻坚战，就必须有苦学苦练、坚毅不拔的精神。"李可染在该文中还列举了著名艺术家孙佐臣、齐白石、黄宾虹、

李可染《苦吟图》

盖叫天、徐悲鸿等人艺术实践的成功经验后指出：他们为了实现自己的艺术实现、提高艺术的表现力，没有一个不是在艺术实践中继承了传统中苦学苦练精神的。

苦学是一种学风，也是李可染在长期的艺术实践中和教学实践中所坚持的一贯主张。他在教学中，常以一些前辈艺术家、科学家执着敬业的故事勉励后学。他曾说，作为一个艺术家应该具有“哲学家的头脑（通晓事物的规律性）、诗人的感情（情感真挚、丰富、强烈）、科学家的毅力（坚毅不拔、百折不回的精神）、杂技演员的技巧（苦功技艺精微、准确）”。人们仅从后面两条，也不难看出他对苦学苦练艺术基本功的高度重视。

李可染的苦学思想，也往往从他的艺术作品和他常用的一些印语中体现出来。他曾在1983年创作的《苦吟图》上题跋曰：“夜吟晓不休，苦吟神鬼愁。两句三年得，一吟双泪流。此贾岛诗也。余性愚钝，不识机巧，生平最为尊崇先贤杜甫‘惨淡经营’和贾岛‘推敲苦吟’精神，因写此图以自勉，可染并记。”再从他常用的一些印章，如“学不辍”“废画三千”“七十二难”“千难一易”“峰高无坦途”等等，都可以看出他一生不辞千辛万苦，苦学苦练艺术基本功的艰难历程。著名画家黄永玉在《大雅宝胡同甲2号安魂记》一文中，就曾回忆起20世纪50年代，他亲眼看到李可染深夜仍坚持苦练艺术基本功的情景：“半夜里，走出门外，见他仍然在伏案练字。他所谓的那个‘案’，其实是日伪时期留下来的陈旧之极的写字台，上面铺着一张那个时代中年人都熟悉的灰色棉毛毯。说起这张毯子，很少人会知道，中间有一个很大的洞，是可染先生每天工作的毛笔和墨汁颜料‘力透纸背’磨穿的洞。”苦学的思想，是李可染自成体系艺术思想中非常重要的组成部分。

振兴民族艺术的思想

李可染不愧是一位杰出的艺术思想家。在他70年的艺术生涯中，当他面对艺术与人生、个人与民族、传统与生活、东方与西方等碰撞问题时，他总是有着非常清醒的理性思考，从而作出明智而果断的抉择。振兴民族艺术是李可染重要的艺术思想之一，也可以说是李可染一生艺术思想的主旋律。他的这一思想也始终贯穿在他数十年的艺术实践和教学实践当中。

纵观李可染的一生，有助于我们更好地理解他振兴民族艺术思想形成的基础。李可染16岁考入上海美术专科学校学习，在校期间，他曾经聆听了康有为作的“中国绘画是世界艺术之高峰”的演讲，深受鼓舞。1929年，李可染越级考入杭州西湖国立艺术院研究生部，研习素描和油画，成为中国最早的艺术研究生。在校学习期间，他曾经参加学校内的进步青年美术团体“一八艺社”，受到进步人士的民主、进步和爱国思想的影响。20世纪20年代的求学生涯，为李可染早起艺术思想的形成奠定了基础。抗日战争期间，他以满腔爱国热忱从事抗日救国宣传工作达10年之久。20世纪40年代初期，李可染恢复了对中国画的研究与创作。这时，他提出了对绘画传统要“用最大的功力打进去，用最大的勇气打出来”。为了更好地学习与继承中国绘画传统，1947年，已是北平国立艺专中国画副教授的李可染先后向齐白石、黄宾虹两位老画家拜师求教，长达10年之久。20世纪50年代初期，李可染面对中国画坛萎靡的现状，毅然提出了要对中国画进行改造的艺术主张。1954年，他为了实践改革中国画的艺术主张，以“可贵者胆，所要者魂”为座右铭，长期深入到大自然当中去，观察自然，检验传统，凝思结想，实践写生，作为他改造中国画的重要途径。“文革”10年浩劫时期，李可染受到了无端的批评，一度失去了创作自由，但他并没有消沉，而是坚持逆境困学，以书法作为基本功练习，最终形成了他“沉雄逸宕”的个人书法风格。70岁以后的李可染，在作了个人70岁艺术总结之后，他以更高的艺术热情，更勤奋的艺术创作，决心实现他“为祖国河山立传”的宏愿。20世纪80年代中期，美术界曾一度出现民族虚无主义的倾向。有的人轻视民族绘画传统，提出要从西画改革中国画。还有人认为“中国画已至穷途末路”，从而在美术界引起一场辩论。此时，李可染寄语青年画家说：“不要传统，不要生活，等于零。”他在一次与中青年画家的谈话中说：“我觉得有一些中国人总瞧不起自己，中国人是优秀的，为什么那么自卑呢？……传统是我们的血缘，传统是继承关系。外来的东西是营养，营养是需要的，但不能代替血缘。”他在另一次与中青年画家的谈话中又说：“决不能站在西方人的立场看中国画，而应该站在东方人的立场看中国画……在艺术上应走自己的路，不能扎在外国人那里。”

晚年的李可染从广大中青年画家的艺术创作中，看到了中国画振兴的希望，他感到无比的欣慰。他奋笔书写了“东方既白”四个大字，表达他在东方艺术之林看到希望曙光时的心境。他题记曰：“有人谓中国文艺传统已至穷途末路，而我却预见东方文艺复兴曙光，因借东坡赤壁赋末句四字，书此为证。”“东方既白”是李可染一生不懈的艺术追求和奋斗的崇高目标，是李可染对东方民族艺术发展前景充满自信心的前瞻性预言，也是李可染晚年艺术思想的一个重要闪光点。振兴中国画事业，振兴民族艺术，始终是李可染最真挚的愿望。

（因篇幅限制，本文有删减）

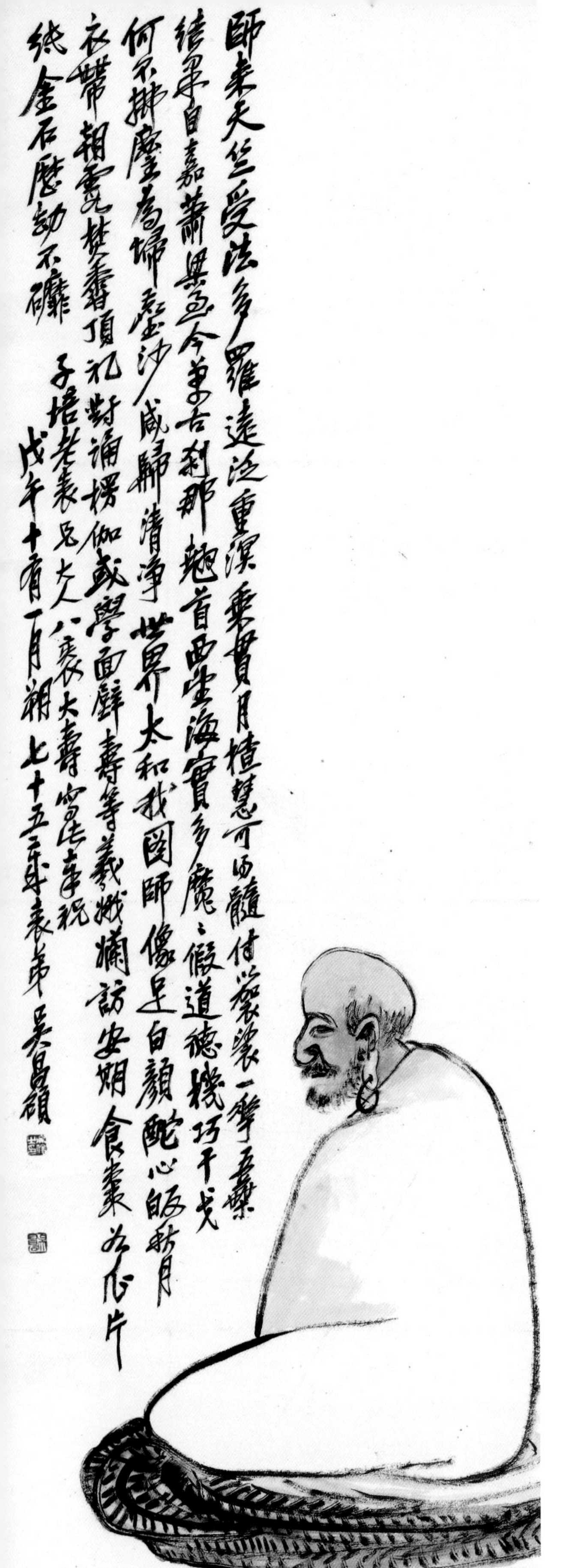

方寸物语
——吴昌硕纪念馆藏一组家乡地名印章解读

邱晓云

本文以吴昌硕一组家乡地名印为例，解析和品味吴昌硕的印学思想和寄情作用，对于认识和理解他的治印历程及人文精神，具有一定的积极意义。

吴昌硕《无量寿佛图轴》（局部），1963年

吴昌硕（1844–1927），名俊、俊卿，字昌硕，号缶庐、苦铁、破荷等，浙江安吉人，是我国近现代诗、书、画、印四绝的一代艺术巨匠，其中其篆刻艺术成就则是“四绝”中显名最早且被认为成就最高者。在篆刻艺术追求上，吴昌硕终其一生不断吸收创新变革，形成了古拙雄浑、气势磅礴的吴氏印风，晚年更被公推为天下第一名社“西泠印社”的首任社长，在近现代书画篆刻史上留下了精彩的篇章，影响至今不衰。

吴昌硕　湖州安吉县
青田石
吴昌硕纪念馆藏

吴昌硕一生治印无数，在《西泠印社记》中自语：“予少好篆刻，自少至老，与印不一日离，稍知其源流正变……”在艺术风格上，他早年兼习浙皖诸家之长，初学浙派，继而涉猎邓石如、吴让之；中年后章法参石鼓文、秦汉玺印、钟鼎彝器、封泥及篆、砖瓦文字等，熔前人冲切刀法，自树一帜；后期功力精纯，臻入化境，独步艺林，为时人称道景仰。在治印体式上，姓名、字号、斋馆、鉴藏、闲文、吉语、肖形、鸟虫书、地名等各种体式无不涉足。其中曾创作多方与家乡地名相关的作品，如“古桃州”“湖州安吉县”“安吉”“湖州安吉县，门与白云齐”“半日邨”“古鄣”等。吴昌硕纪念馆现藏有吴昌硕篆刻的四方极其珍贵的家乡地名印章：“湖州安吉县”（二方）、“湖州安吉县门与白云齐”和“半日邨”。解读它们，不仅能体会吴昌硕对家乡深深的热爱和眷恋，也可窥见吴昌硕不同时期篆刻艺术的特点，篆刻在其书画形式布局中的作用，以及篆刻形式语言在吴昌硕精神世界的重要作用。

“湖州安吉县”

目前所能见到的“湖州安吉县”印章有三方，一方白文，二方朱文，其中一方朱文印有纪年，吴昌硕纪念馆藏朱白印各一方皆无纪年。白文印，长 18 毫米，宽 18 毫米，高 6 毫米。边款题为：“湖州安吉县，唐周朴董岭水诗起句，昌硕。”此印运刀如笔，线条遒劲，圆熟秀拙，疏密自然；印面文字篆、隶结合，布局匀称，五字三列，将“县”字伸长，与右侧形成平衡；边栏与文字重叠，部分残缺，却显通透自然。此印最早见钤印于 1887 年 5 月篆书秦半汉大四言联上，绘画见于 1889 年 9 月《篱菊》

立轴。由此可推测，这方印章创作于44岁左右。

1887年之后，这方印章大量出现在吴昌硕的书法绘画作品上。书法从1887年至1923年间，以对联作品为多，大多钤印在对联上联右下部分，与下联姓名印相互呼应。绘画最晚纪年见于1908年5月《天竺水仙》立轴。大多钤印于左右下角押角或补白处。寿山石，长41毫米，宽41毫米，高（连钮）55毫米。印面呈方形，边款刻："两字合文，古铜器中所习见者，吴苦铁记。"此印大气磅礴，线条苍茫富有质感；印面田字格中篆隶书法相间，方中带圆；章法独特，结字安排紧临印边，三边围栏，右侧残点虚连；有主有宾，富有变化；古意浓厚，犹如碑出。书法入印，以刀代笔，冲切结合，富有变化，是吴昌硕以书入印的精品力作。吴昌硕从古代青铜器铭文中得到启发，常将相邻两个笔画稀少或笔画多寡悬殊的印文合并在一起，有上下式（"泰山残石楼"）、左右式（"湖州安吉县"）等，合理而巧妙地运用了合文，使作品的布局更显简明和新奇，给人极为深刻的印象。此方印章最早出现在1892年篆书《诗经四条屏》上，绘画出现在1895年2月《辛夷花立轴》上，由此可推测，此印篆刻于48岁左右。书法作品中较少钤此印，在绘画作品中多作为押角章运用，多见于兰花、菊花、红梅、桃花等题材上，是家乡常见的花草植物，在绘画上钤此印一直持续到1920年，此后较少见到。吴昌硕纪念馆藏有钤此印的《菊花图》轴一副。

吴昌硕39岁时接家眷定居苏州，经友人推荐为县丞小吏，生活清苦。在他43岁时，任伯年为其画《饥看天图》肖像，吴昌硕自题诗句便有"胡为二十载，长被饥来驱""生计仗笔砚，久久贫向隅"之句自况。44岁这一年，吴昌硕又迁居上海，仍是"一官如虱"，卖艺收入亦菲薄，"奔走皆为稻粱谋"。但吴昌硕天性乐观，以"酸寒尉"自嘲，有诗自况其境云："我母咬菜根，弄孙堂上娱。我妻炊扊扅，瓮中无斗糈。"生活虽然艰苦，但这是他勇猛精进的艺术成长期，他广交师友，开阔眼界，汲古学今，融各家、各体之长为己所用。这一时期的篆刻边款上广泛题有"仿封泥""仿汉铸印""拟汉银（印）法""仿汉切玉法""拟古封泥""古匋器文字""拟泉范字""拟猎碣意""古玺文字""拟汉凿印""仿秦印""拟汉碑篆额""拟封泥之残阙者"，追求汉印平实、坚朴、浑穆一路，上述两方印章可以说是吴昌硕篆刻由广收博采阶段到风格成熟时期的代表作。边款："湖州安吉县，门与白云齐。唐周朴过董岭水句。戊午立秋先三日，七十五叟缶翁。"根据边款，此印章是吴昌硕1918年秋天所刻，此时已是75岁高龄。此印结构与上一方朱文印相同，"安吉"两字合文，田字界格，两侧边栏断连。不同之处在于落刀如运笔更加自如，印面石鼓文书体入印，改方笔为圆笔，文字整体拉长，笔画更加圆润流畅，"县"竖折弧度右倾，而前一方印"县"竖折弧度左倾。此时的吴昌硕"人书俱老"，一扫刀斧凿痕纵横习气，而复归于平淡，进入另外一种境界。

此印最早见于绘画1918年12月《无量寿佛图》轴，书法见于1919年冬篆书"高原淖渊"七言联中。与上一方比较，鲜见于书法绘画作品展中。

吴昌硕　湖州安吉县　寿山石

吴昌硕纪念馆藏

吴昌硕《菊花立轴》

吴昌硕纪念馆藏

吴昌硕　湖州安吉县

“湖州安吉县门与白云齐”

此内容的印章可见的有朱文与白文各一枚，吴昌硕纪念馆有白文印一枚。

此印，寿山石，长 23 毫米，宽 23 毫米，高 38 毫米。边款刻有“唐周朴题安吉董岭水诗起二句，下接‘禹力不到，处河声流向西’，此等笔力所谓着墨在无字处，每用此印辄陟遐想”。未纪年。最早出现在 1899 年 11 月《插竹花果》册页，我馆藏 1900 年《桃花》立轴”和《梅石图》轴”作为押角印钤印其上。绘画上最迟出现于 1922 年秋《数石竹煌》立轴，书法则见于 1923 年 9 月行书“天惊地怪”七言联中。以此推测，此印大致创作于 46 岁左右，也系吴昌硕中年力作。印文体势在汉篆端方的结构中，融入了圆活的笔致，增添了金文的意趣；章法虚实自然，气息浑然一体，全印典雅静穆又苍劲大气。咫尺朱白，以小见大，充分表达出美丽的家乡安吉自然环境如唐人周朴诗般的意境。

另一方有纪年的“湖州安吉县门与白云齐”，朱文印，篆刻于 1883 年 4 月，边款：“唐周朴题安吉董岭水诗起句。下接‘禹力不到处，河声流向西’十字。此等笔力，所谓着墨在无字处。每用此印，辄陟遐想。癸未三月，仓硕记于析津。”此印是吴昌硕 40 岁时的作品，是其篆刻风格的探索时期，但个人风貌已凸显，笔力劲道，线条细润，虽字数多，不显拥挤，布局疏朗开阔，朱白分明，边栏虚实相连，时断时续，整体空灵、清远，一如故乡山水，白云绕山，忽隐忽现，宛如仙境。从题款看，吴昌硕对这方印章相当满意，此时他任一介小吏，公差在析津地区，疲于奔波之际，抚摸印石，沉浸于故乡山水遐想之中。但未见于书画作品中。

“半日邨”

“半日邨”，朱文印，青田石，长 23 毫米，宽 23 毫米，高 47 毫米。边款：“孝丰鄣吴邨，一名半日邨。甲寅秋，老缶。”

是印为吴昌硕 71 岁时所刻，是“以书入印”的典型之作。线条苍茫老辣，简洁流畅，每字的结体多从金石碑刻中来，但把它做了变形，统一到一方印章之中。在这方印章的“邨”即同“村”，半日邨指的就是鄣吴村，是吴昌硕的出生之地。鄣吴村地处浙皖边界，

吴昌硕　湖州安吉县门与白云齐寿山石

吴昌硕纪念馆藏

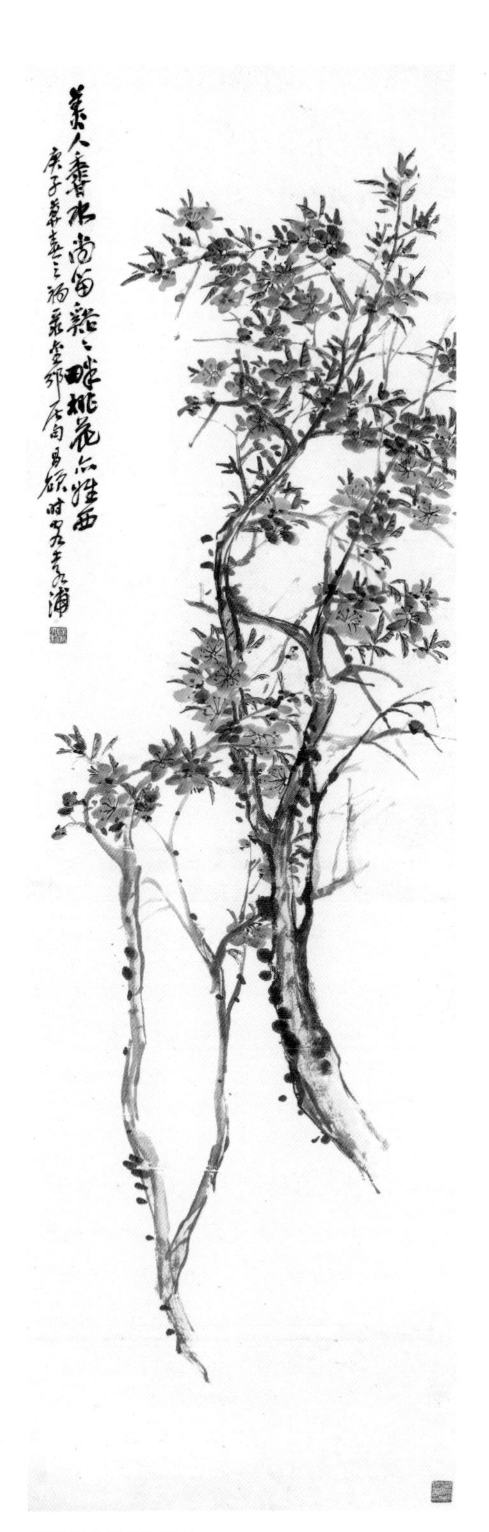

吴昌硕《桃花图轴》

吴昌硕纪念馆藏

吴昌硕《梅石图轴》

吴昌硕纪念馆藏

吴昌硕　湖州安吉县门与白云齐

境内山峦起伏，金华山和玉华山遥相辉映，村子里面古树参天，竹海掩映，导致村子里面一天只能晒到半天的太阳，故有“半日村”之称。吴昌硕的父亲吴辛甲有一本以此命名的诗集《半日村诗稿》。

1914 年的吴昌硕已是 71 岁的古稀老人，已从苏州搬迁至上海，并定居于此。经过多年沉淀、积累，此时的吴昌硕早已占据海上艺坛的盟主地位。虽离家半世，但故乡仍在其心中，才会在古稀之年还镌刻了这方满含深情的家乡印。在晚年的很多书画作品上都可以看到这方印章。最早出现在 1919 年 4 月篆书“黄矢大罟”七言联中，最迟出现在 1927 年 11 月篆书《饮之太和》之中。那年 11 月，吴昌硕去世。书法多件钤印于对联下联左下侧，起到与书法画面平衡作用。绘画最早出现于 1916 年 2 月兰花立轴，绘画多钤印于右下押角。纪念馆藏《墨竹》横批钤印此印，最迟见于 1923 年 12 月《兰竹》横批。

一枚小小的印章，于方寸之间体现着创作者的审美情趣和情感思想。吴昌硕出生于浙江省湖州市安吉县，青少年时期在安吉度过，29 岁离开家乡走向湖州、杭州、苏州、上海等地，开阔眼界，增长见识，丰富阅历，最终历练成融诗、书、画印为一体的雄视古今的艺术宗师。他一生的大部分时间都寓居外地，晚年声誉日隆，定居上海，故乡渐行渐远，成为吴昌硕挥之不去的乡愁，于是把对故乡的思念镌刻印章里，书写在绘画中，成了流逝时光的永恒寄托。

吴昌硕　半日邨　青田石

吴昌硕纪念馆藏

吴昌硕《墨竹图》

谈书

谈书

篆刻家方介堪的金石收藏

凌云之君

方介堪不仅是篆刻家、书画家也是文博专家。《方介堪藏吉金拓片集》一书是对方介堪所藏吉金拓片的一次严谨整理和首次公布。他所藏拓片是其治学和交游的一个缩影。书中编注者还结合相关金石文字专著及青铜收藏机构原器实证，对方介堪所藏拓片进行逐一考释，纠正了原有金石著录中的诸多错漏，因此也是一本资料翔实的古文字考订论著。

方介堪先生，20 世纪 30 年代

1936 年方介堪与马衡等在河南黑河口

“书之竹帛，镂之金石，琢之盘盂，传以后世子孙。”在中国古代，常以“金石”呈现“道”之德。而金石作为一门学问则肇始于宋代，学者著作纷呈，如欧阳修的《集古录》、赵明诚的《金石录》，成绩显著。宋人开启了以拓本方式传承金石风气之先，从此，拓本的流传与收藏便逐渐兴盛。

清代乾嘉以降，小学兴起，促使金石学更加蓬勃发展，收藏金石拓本，成为文人学者之间的雅好和时尚。他们拓印赏读，互相馈赠，乘兴题跋，其中不乏当时的一流名家学者，如张廷济、阮元、陈介祺、翁方纲、吴大澂、杨守敬等人，这样的风气一直延续至民国时期。受其影响，方介堪也喜好收集金石鼎彝、碑帖拓片。

方介堪（1901—1987），原名文渠，后更名岩，字介堪，以字行，浙江永嘉城区（今温州市鹿城区）人。方介堪一直以篆刻大师、书画家的身份为人们所熟知，当代许多篆刻名家都出自其门下。事实上，方介堪一生喜好收集金石鼎彝、碑帖拓片，郑午昌笑谓：“此公满身皆金石之气。”其文博专家的身份被篆刻大师盛名所湮，很少被提及。

早在 20 世纪 30 年代，方介堪就应故宫博物院院长马衡之邀担任故宫博物院专门委员，参加故宫博物院藏宋元名家墨迹的鉴定、编辑。中华人民共和国成立后，他任温州市文物管理委员会副主任、温州博物馆首任馆长三十余年，长期主持温州地区的文物工作。他曾参与温州藏石、东瓯青瓷、汉窑址、江心屿古迹、新石器遗存等考证工作，并对温州文保秩序的建立和文物传播方面做出突出贡献。他主动捐献家藏的青铜器、书画、拓片等文物数百件，它们与一批温州地方名士的捐赠，构成了温州博物馆的首批藏品。

《方介堪藏吉金拓片集》一书中共收录方介堪旧藏金石拓本 581 件（编为 506 号，一器一号）。其中，“金”类以商周青铜器为大宗，涉及钟、鬲、甗、鼎、簋、盨、簠、敦、卣等二十多种青铜器，加上少量的秦诏量器和汉代铜器、新莽量器及杂器，“石”类也有 10 件。所藏金石拓本从商周时期到秦汉时期，包括了商周金文、战国古玺、秦代金文、汉代金石文字等。“方先生藏拓虽然不能与陈介祺‘簠斋’、刘体智‘小校经阁’等大收藏家平分秋色，却也是特色明显，收藏不可谓不丰。”（曹锦炎《序》）

而这些金石拓片只是方介堪众多收藏中

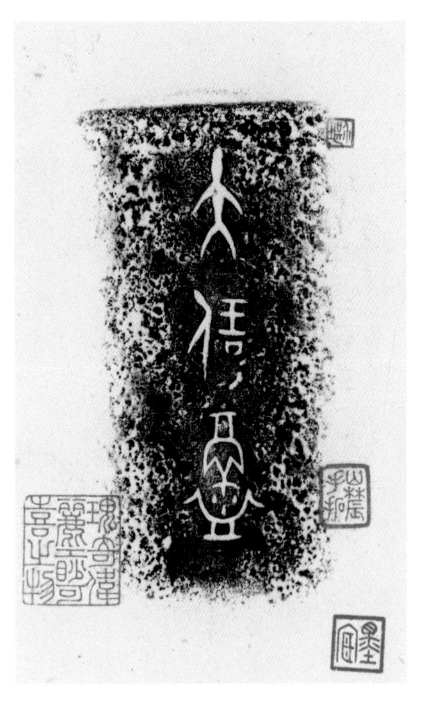

太保方鼎

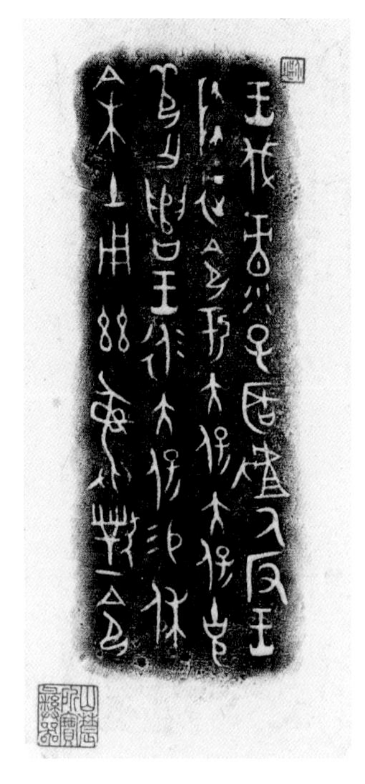

太保簋

盂爵

的冰山一角。据后记中所记，在“文化大革命”“破四旧”中，方介堪一生心爱的著作文稿、金石拓片、古籍善本、书画碑帖、古玩瓷器或被抄走或被焚烧，或拉到废品收购站销毁。这些金石拓片幸亏当年是粘贴在发黄不起眼的毛边纸小册（20 厘米 ×30 厘米）上，才幸免于难。20 世纪 90 年代后，其子方广强不遗余力，先后购回方介堪遗失在外的数千件墨宝、印稿、印章、信札，部分夏商周三代鼎器金文拓片及玺印文综等残页和古文字手稿，于是将金文拓片集结整理，得以成此书。

方介堪所藏金石拓片中，先秦铜器铭文许多都为传世名品，而且有大量藏品在《郁华阁》均有著录。如道光年间山东寿张出土的“梁山七器”，出土后一时间，学者们纷纷研究著录，收藏家们争相收藏，成为清末民国初金石学界的大事。方介堪所藏中“太保方鼎”“太保簋”“太史友作召公甗”及“遭方鼎”，就是其中四件。拓本中还有一批商代晚期至西周早期的青铜器，皆带有族氏铭文，如“亚盉父丁甗“戉箙父癸甗”“商妇甗”等，是了解早期原始文字构形的重要金文数据。

现存的方介堪所藏的金石拓片，主要可分为以下四类：

一是清代名家藏器拓本。在方介堪藏拓中，数量最多的是清代名家潘祖荫、陈介祺、李山农等为自家所藏青铜器所做的拓本。潘祖荫（1830—1890），字东镛，小字凤笙，号伯寅，亦号少棠、郑盦，斋名攀古楼、滂喜斋。江苏吴县（今苏州）人。著名金石学家、书法家、藏书家。他学识渊博，嗜好金石，家藏丰富。陈介祺（1813—1884），字寿卿，号簠斋。晚号海滨病史、齐东匋父。山东潍坊潍城区城里人。著名金石学家。他一生精于金石文字的考证和器物辨伪。他与潘祖荫被誉为“南潘北陈”。李宗岱（？—1896），号山农，广东佛山人。出身官宦世家，广东巨富。喜好金石考据之学，也好收藏，也是一位重要的青铜收藏家。但这类拓本上都没有题跋，多数钤有原藏家印记，据此可以判断器物归属，并补充修订流传信息。如“滔罍”，从以往的记载中可知，此罍曾为冯恕

扬簋

六年琱生簋

旧藏，又被端方收藏。方介堪所藏此罍拓片上钤有“匩宧所宝彝器”印，可知其也经潘祖荫收藏。“扬簋”，此簋原无流传记载。方介堪所藏“扬簋”，《郁华阁》有著录。拓片上钤有“伯寅所得”“敦”印，结合《小校经阁金石文字》等所见“郑盦藏敦”印，可知其曾经潘祖荫收藏。又如“盉爵”，《郁华阁》有著录。此件拓本上钤有陈介祺“文字之福”“簠斋藏古酒器”“海滨病史”三印，可知其曾经陈介祺收藏。“六年琱生簋”，此簋以往仅有多智友旧藏记载。但据方介堪所藏拓片上所钤“山农所宝彝器”印，可知其亦经李山农收藏。

经统计，方介堪所藏拓片中，钤有潘祖荫收藏印的共219件，分属185器；钤有陈介祺收藏印的共106件，分属102器；钤有李山农收藏印的共15件，分属15器。并且这些拓片中一些拓本还优于常见的拓本。

二是清代翻拓本。所谓“翻拓本”，就是将金文摹本腐蚀到金属板上，再捶拓而成的拓本。这些拓片没有原器藏家印记，但都钤有杨守敬“星吾所藏金石文字”印。杨守敬

遽仲作父丁觶

遽仲作父丁觶，翻拓本

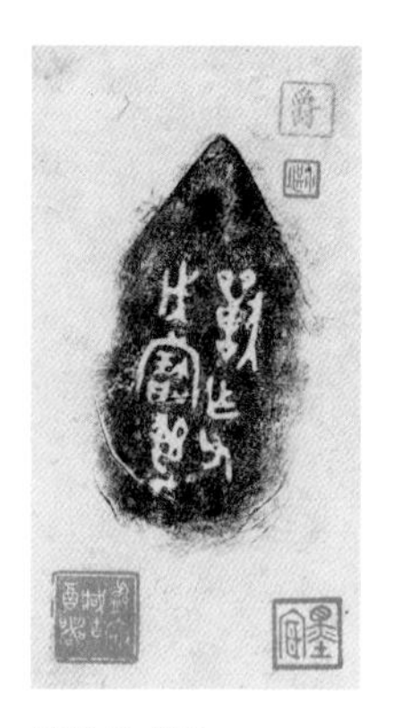

獸作父戊爵

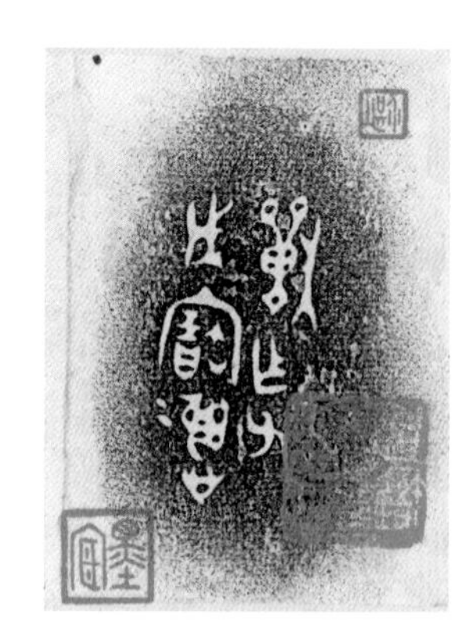

獸作父戊爵，翻拓本

（1839—1915），字惺吾、星吾，晚年自号邻苏老人。湖北宜都人。著名金石书法家、版本目录学家、藏书家。容庚说："（《奇觚室吉金文述》）杨星吾的赠本均属翻刻。"如"遽仲作父丁觶""獸作父戊爵"等拓片，书中均收录了原拓本和翻拓本。这些翻拓本原来混在清代名家藏器拓本之内。为读者更清晰的区分，书中单列出一章"翻拓本"。

另外，根据本书编著者葛亮考究，从此类拓本的铭文内容、字口变形程度、底板表面形态以及捶拓痕迹判断，其依据的底本是《积古斋钟鼎器款识》《筠清馆金文》《怀米山房吉金图》等书所收的金文摹本。虽为翻拓，亦有可观之处。

三是方介堪先生题识拓本。在所存方介堪收藏的金石拓片中，只有一件经方介堪先生本人题识，此拓为战国古玺"日庚都烨车马玺"。

"日庚都烨车马玺"为战国时期燕国烙马玺印，原印边长近7厘米，为战国古玺之最，现藏日本京都藤井有邻馆。此拓本上除方介堪题识"日庚都玺早已流落海外，此乃王氏初拓精本，殊可宝贵。庚辰腊八，方岩拜观"外，还有王懿荣、王瓘、万中立的跋文。王懿荣跋文曰：

易州所出，似是烙印，上有柄，有台中空，四面有长方孔，制甚奇。光山胡石查丈有释文，极精辩。新甫先生属拓。光绪壬辰四月得于潍县裴估，懿荣记。

关于此玺印的出土地、出土时间及王懿荣购藏情形等，以往多有异说。从此拓上的跋文，我们可知，其出土地为今河北易县，购藏时间为壬辰（1892）四月，得于潍县裴估。而方介堪此藏拓原系王懿荣题赠厂肆估人黄新甫者。这些信息弥足珍贵。

四是方介堪师友题赠拓本。这些拓本的内容多为秦汉以后金石文字，也有少量商周金文。此类拓本多有题跋及藏家印记，从中我们可探知拓本来源、器物流传及方介堪交游的情形。

如"上都公簠盖"，此簠原无出土年代、地点及旧藏记载。此拓上有赵叔孺跋文："都公𥂴（簠），甲戌年出之皖，购自沪。介堪鉴赏。叔孺拓赠。"赵叔孺（1874—1945），原名润祥，字献忱、叔孺，后易名时㭎，号纫苌，晚年自号二弩老人，以叔孺行世。浙江鄞县（今浙江宁波）人。著名篆刻家、书画家。方介堪早年就师从赵叔孺学习篆刻。从所见题跋，可知此器在甲戌年（1934）于安徽出土，赵

古鉥

鉥文之大未有逾於此者文曰日庚都萃車馬胡石查先生引穆天子傳攷證甚詳　銅梁王瓘觀并記

易州所出似是烙印上有柄有台中空四面有長方孔製甚奇光山胡石查丈有釋文極精辯
新甫先生屬搨　光緒壬辰四月得於濰縣裴估　懿榮記

日庚都鉥早已流落海外此乃王氏初拓精本殊可寶貴庚辰臘八方巖拜觀

鈕製與日庚鉥略同惟四面有圓孔耳亦文敏故物也新甫屬予蒐得出以記于此稽以榮新甫之勳

當年寧發散金餘
物我何常任去舒世
變身殉猶不惜遑惜
所志等肌膚（文敏嘗言愛古物如肌膚見傳古錄）
打本使來色尚鮮先
生手蹟故依然但憑
激烈縱橫氣化作長
虹照九天
光緒癸卯五月入都知文敏
遺物飄零略盡
新甫黃兄得鉥文出眎慨然有
作則此鉥又不知誰屬矣
漢陽萬中立寓雙弓借廬

日庚都焠车马印
（本书第416号）

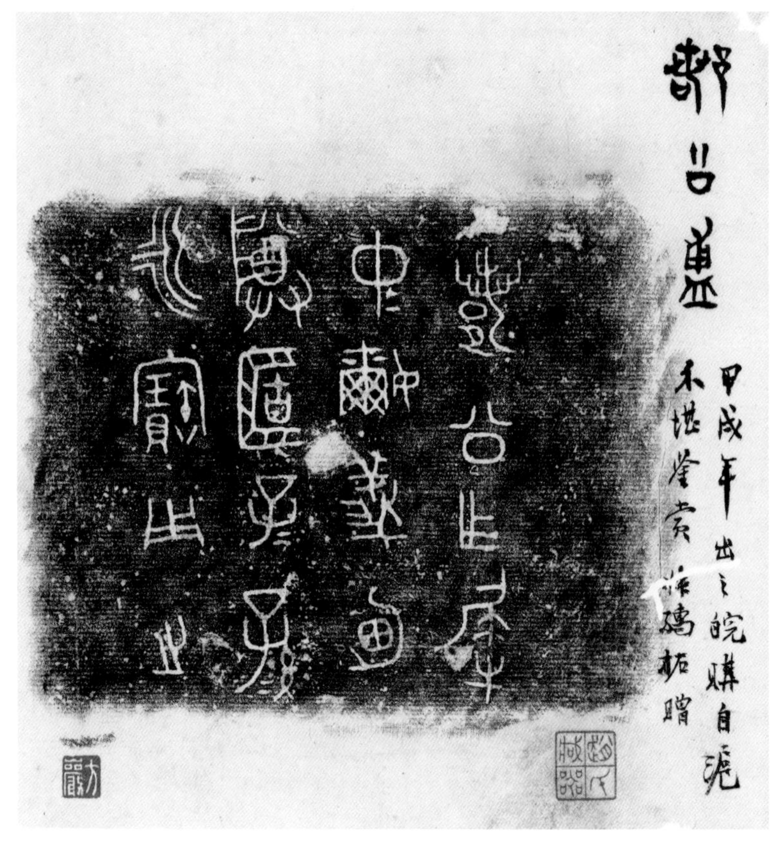

上都公簠盖

彭生作文考日辛簋

叔孺自上海购入此器。方介堪曾鉴赏过，赵叔孺以此拓相赠。“彭生作文考日辛簋”，此簋铭以往未见著录。此拓钤有“赵氏藏器”印，据此可知其曾经赵叔孺收藏，拓本亦转赠方介堪。“三国吴嘉禾四年镜”，上有易忠箓题跋：

孙吴嘉禾镜。

文云：“嘉禾四年六月造作明竟，服者大吉，用者万年，连年子孙，四寸之玄。”计廿六字。樊口出土，色黝莹可鉴。同出者有黄武、周氏诸竟，制作略同。

介堪道长清赏。乙亥新秋均室易忠箓记于鄂。

易忠箓（1886—1969），字均室，号稆园、病因外史等，斋号静偶轩、十清宧等。湖北潜江人。潜心金石学，沙孟海《沙邨印话》言“（易均室先生）于历代金石之稔熟，当世几无出其右”“治近现代印学史，不可不知易均室”。此件铜镜拓本题于 1935 年，除释文外，又记有其出土地、同出器物情况，并钤有易忠箓“易氏”“以古自华”二印，及其夫人万灵蕤“霝蕤传古”印等。可见，方介堪与易忠箓也亦有交友往来。

经整理统计，此类拓片中有赵叔孺赠本 19 件，易忠箓题赠拓本 11 件，此外还有徐永年、丁鹤、张大壮、戴家祥、钟明善、方胜等人各有赠本若干。

金石拓本的收藏不仅开阔了方介堪的见识和研究，还丰富了他的篆刻、书画创作。其篆刻师古不泥古，金石味十足；用字讲究，强调篆法；还能将古器物的形制、款识运用到印章创作当中。其书法以篆隶为主，笔意高古，线条浑厚。这些与他常年对金石鼎彝、碑帖拓片的深入研究密不可分。这些金石拓本是其研究金石之学的基础和源泉。方介堪先生曾言："篆刻之难不在刻而在篆。欲得篆法，一须钻研金石文字之学，二要多观摩临习三代秦汉金石拓本及前人法书印谱，手摹心追，既得其正，又得其变。"正如曹锦炎在《序》中所说："方介堪先生收藏的金石拓本，既是方先生治古印的第一手参考资料，更是方先生赖以研究金石之学的基础和重要源泉，故虽饱经沧桑及各种变乱，却仍能一直伴随着先生，藏之永保。从这一视角出发，《方介堪藏吉金拓片集》的整理出版，更加能凸显其意义之所在。"

另外，本书除了对方介堪藏拓进行整理，原大原色呈现外，编著者葛亮还根据《殷周金文集成》《商周青铜器铭文暨图像集成》《汉金文录》等金石文字专著及以上海博物馆为主的相关青铜收藏机构原器实证，对方介堪所藏拓片进行逐一考释，纠正了原有金石著录中的诸多错漏。因此，本书不仅是对著名篆刻家、书画家、收藏家方介堪先生所藏吉金拓片的一次严谨整理和首次公布，更是一本资料翔实的古文字考订论著。

《方介堪藏吉金拓片集》书影

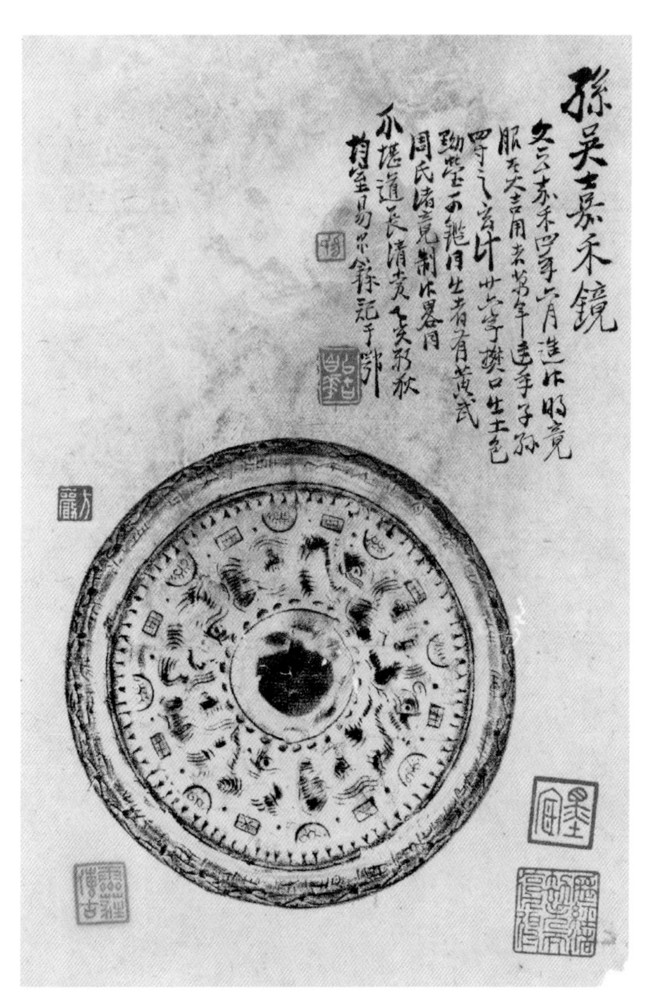

三国吴嘉禾四年镜

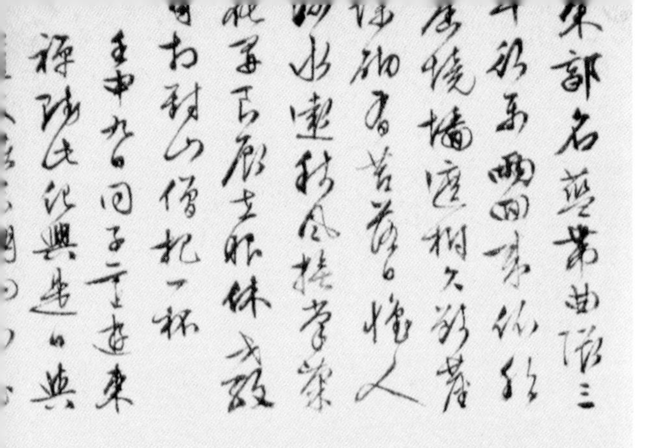

谈书

从个案鉴定到艺术史的重构

——《书画鉴定研究》的视野与方法

李弘尧

《书画鉴定研究》是书画鉴定家傅申最重要的著作，这本书的出版使国内读者能够更直观地阅读和了解这部鉴定史上的重要著作，更使这部关于中国书画鉴定的研究回归母语，达到了真正意义上的完满收官。

文徵明 《菊花竹石图》局部

《书画鉴定研究》书影

1973 年，傅申先生与王妙莲女士合著的 *Studi es in Connoisseurship: Chinese Paintings from the Arthur M. Sackler Collection*（《鉴定研究：赛克勒藏画研究》）英文版一经问世，就引起了学界的极大轰动。

本书以收藏家赛克勒先生所藏中国书画为研究对象，既是针对“赛克勒藏画展”（1972 年）的详细图录，又是在中国书画鉴定领域具有突破性贡献的一部研究著作。赛克勒曾说：“对我而言，收藏的一个卓越功能就是对文明和不同文化的重建，这个目标只能通过学术研究来实现。”从文化史的角度来讲，本书的出版很大程度上帮助赛克勒实现了他的心愿。它不但向世人呈现了收藏家对濒临离散的中国文物的保存与展示，还通过深入个案的鉴定研究，对艺术史上的诸多问题进行修正与完善，从而建立起更加令人信服的中国艺术发展史。

在普林斯顿大学方闻教授的授意之下，当时就读于普林斯顿的青年学者傅申与王妙莲开始了本书的写作。在赴美交流之前，傅申曾任职于台北故宫博物院，对大量书画的过目与研究奠定了他目鉴与考据的基础。扎实的学术功底使傅申在美期间的研究与交流中收获了大量的信任与赞赏。傅申的到来，可以说为西方学界的中国画研究带来了全新的启发与鼓舞。

彼时的西方学界，对中国画的研究大抵停留在“风格分析”的阶段，倾向于通过大量的视觉现象总结出艺术风格发生发展的规律，并以此作为作品断代的主要依据。方闻先生本人也曾致力于用“风格”问题解释中国书画传承与断代等问题。但与此同时，方闻也已深刻地意识到中国艺术发展的独特性，西方的风格分析法在用以解释中国绘画，尤其是中国晚期绘画及其复杂的情境关系时，往往易显得捉襟见肘。中国绘画虽然也受时代风格的制约，但亦十分注重表现个人的格调与品性，尤其到了元明以后，复古风潮与艺术家个人特色相互交织前进，你中有我，我中有你，类似此种情况，便不能够以线性的风格发展来对作品进行简单概括。

有鉴于此，傅申的研究并未建立先入为主的风格观念，而是抛却作品既有的身份标签和历史定位，重新审视它值得被关注的所有细节，逐渐建构起符合作品实际情况的观察与鉴定方式。如在对赛克勒所藏一幅《雪景山水》的鉴定中，尽管意识到此画与吴彬风格有着不小的联系，他却并未依据签条上的罗振玉旧题而将其定为吴彬的作品。而是通过缜密的观察，最终在画上发现了一方属于明末清初画家张积素的小印，由此得出该画的真正创作者。这种基于实证的鉴定，往往能为风格判断提供重要而有力的辅证。而傅申也正是从这张已确定的张积素作品中，展开了对该画家的风格在晚明画坛之位置与意义的探讨。由此可以看出，傅申并非放弃“风格”，而是试图将描述普遍现象的“风格问题”与针对具体作品的“鉴定问题”联系起来，使二者能够在彼此的研究推进中形成有机的互动。

此外，对作品“品质”的把握也是傅申十分关注的一点。对中国绘画而言，品质的判断在鉴定鉴赏中显得尤为重要，它直接关系到“气韵”等一系列中国艺术品评中最为根本的标准，也体现着艺术家个人的身心能量、内在修养与技术水平。由于画作品质往往会因艺术家的心灵状态或所处的外部环境而发生变化，因此对其的把握往往依赖于鉴赏者丰富的经验与敏锐的直觉。在对文徵明 66 岁所画的《菊花竹石图》的描述中，傅申称可见“欢愉之情从笔底和文人所钟爱的题材流出”，而在文氏更早期创作的同名作品中，他却指出其用笔有略显浮躁之处，显然对于笔墨技法尚未能运用精熟。基于对文徵明绘画水平的了解，傅申将二作皆定为真迹，然而不同时期的笔墨表现能力，却透露了画家从相对生涩到渐趋成熟的艺术发展轨迹。这种关乎绘画品质的微妙的笔墨表现变化，同样可以作为衡量画家风格尺度的重要标准。

风格、品质与作品的物理特征（纸绢、墨、颜料、印泥等）构成了鉴定研究中三个重要的领域。而针对作品的个案鉴定，书中则胪列出十四种具体的情况，并分别例举了相应的作品与解决对策。其中既包括作品的情况——构图相同或题材相似的不同版本的作品、风格特征典型或非典型的作品、早年或晚年作品等；又包括鉴定的手段与方法——通过书法、印章进行鉴定的方法等。每种情况皆对应着赛克勒收藏中的一至多件作品。而其中着墨最多，最引人注目的，当属石涛的书画作品。

关于石涛的研究，本书将其单列为一章，足见重视。一方面是由于石涛及其赝品与仿作在藏品中占了很大比重，此外，作为 17 世纪典型的风格突破者，石涛的作品既符合文

张积素《雪景山水》

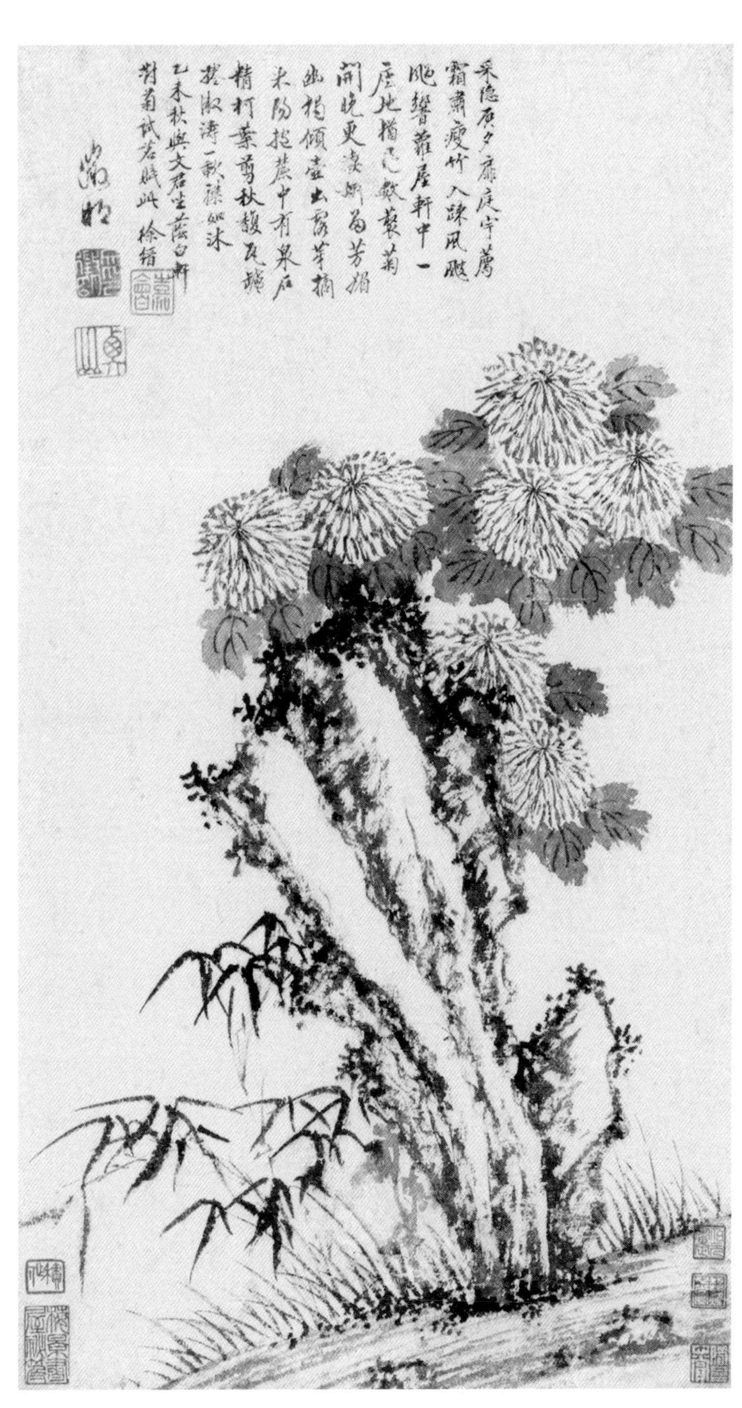

文徵明《菊花竹石图》

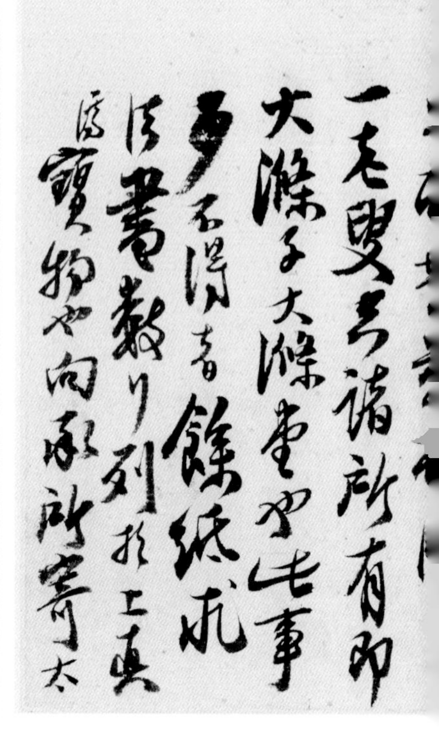

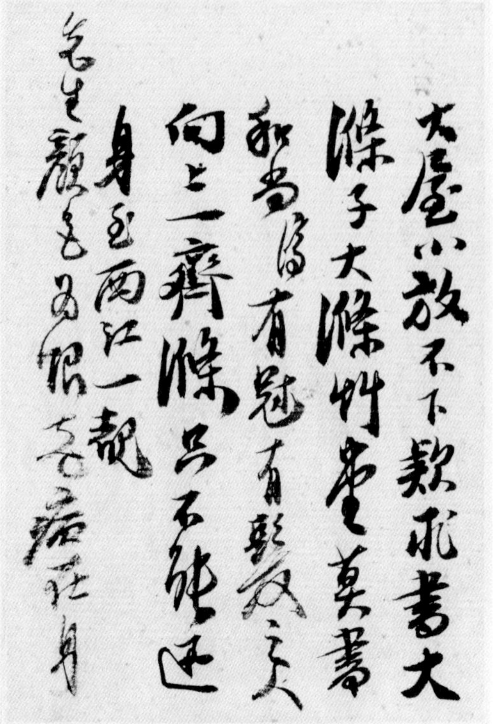

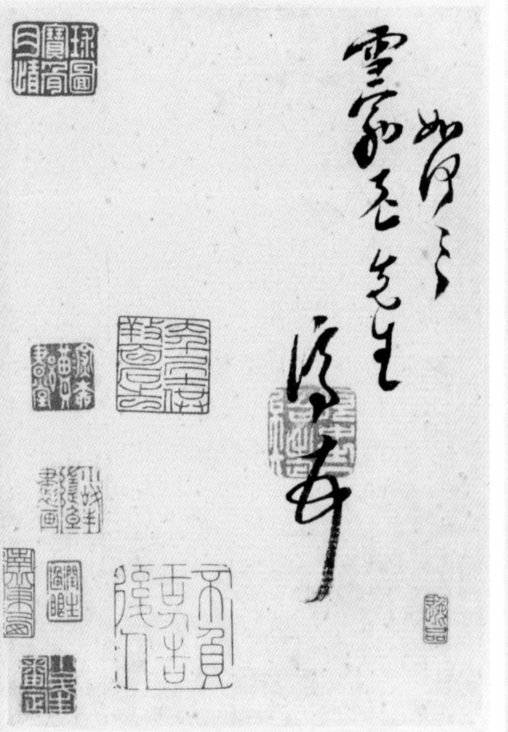

石涛《致八大山人函》

人画的思想传统，又极具个人性情，对于他的研究也是验证关于鉴定方法论诸多问题的有效例证。在对石涛作品的研究中，傅申将书法作为鉴定的基础，他通过石涛常用字的形态学分析，研究其用笔和结字的规律。他相信笔性是理解艺术家风格面貌的一种相对稳定的判断依据。比如在对赛克勒藏《致八大山人函》的鉴定中，他对比了日本收藏家永原织治所藏的双胞本，并通过对石涛诸多书写习惯的详细分析，说明了永原本为伪造的一系列证据。如果研究到此为止，则停留在鉴定真伪的层面，而傅申则做出了更进一步的尝试，他锲而不舍地追查作伪者的“作案动机”，通过比较两则信函的内容，发现了永原本中被刻意隐藏和篡改的信息——原札中石涛向八大求的“三尺小画”被改为“堂画一轴”。而同时傅申发现，永原与此信函一同获得的，还有一张伪造的《大涤草堂图》，正是以八大名义为石涛而作的中堂大画。至此，所有的疑点皆指向了这幅画的真正作者，同时也是赛克勒本《致八大山人函》的原收藏者——张大千。很明显，作为“仿古”高手的张大千，伪造信函与画并售卖的行为并非仅仅为了牟利，更隐含着试与古人比高低的意图。这种“戏仿”的心态在古往今来的作伪者中非常常见，同时也使鉴定问题变得更加复杂有趣。

通过对一通信函的鉴定，我们发现所解

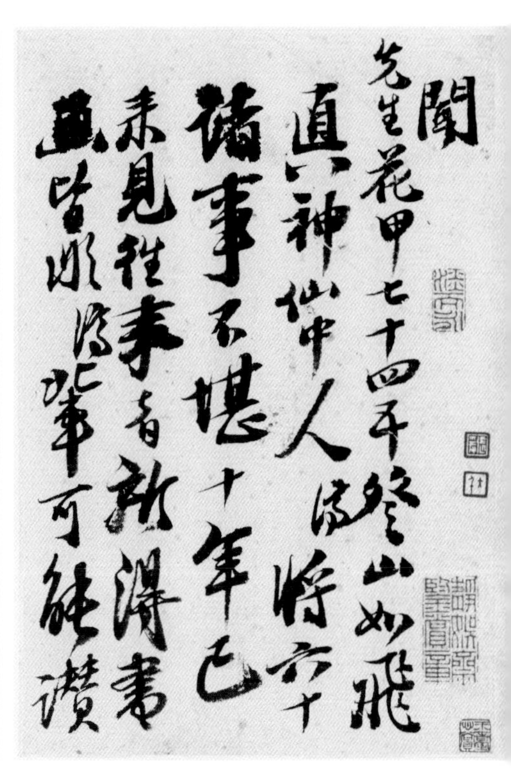

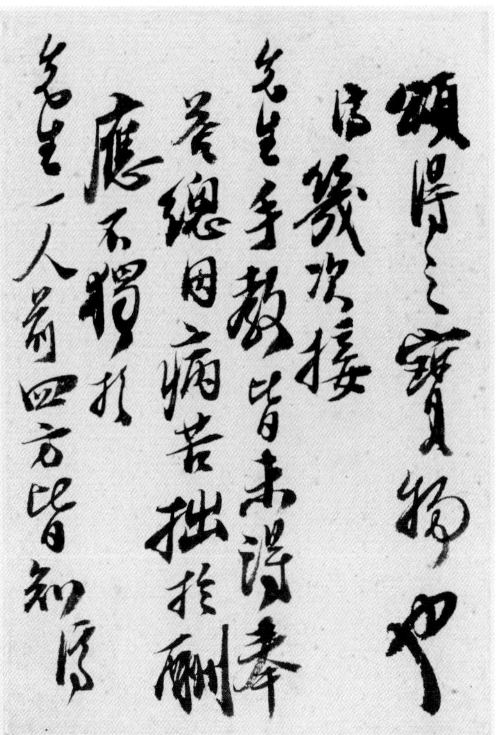

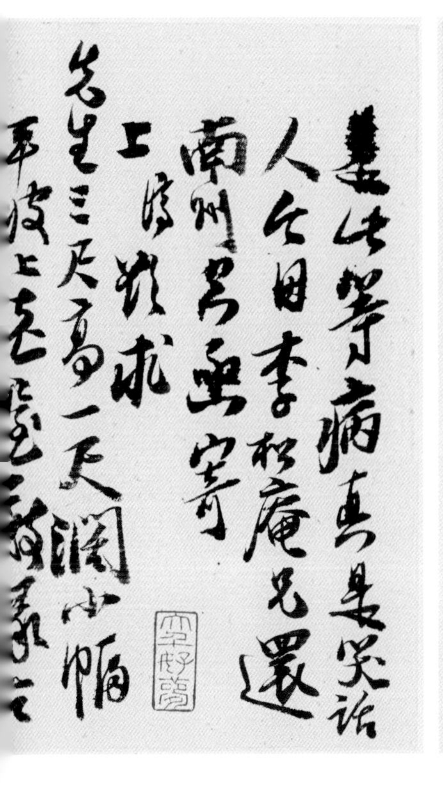

决的问题不光只是孰真孰伪，更涉及作品在复制与流通过程中各方人物的意图与精心设计，这些谜团的打开，即可揭示出艺术史中诸多不为人知的细节，使历史叙事变得更为丰满。从这个意义上讲，无论真迹还是赝作都有其被深入研究的价值。同时，通过鉴定将作品放置到正确的位置上，亦是对风格序列的重构。因此，本书不仅着眼于具体案例的深入分析，更关注个案鉴定对于整个艺术史建构的重要意义。

1973 年出版的《鉴定研究：赛克勒藏画研究》是傅申以中文草拟，王妙莲英译完成的。本书在把中国传统的鉴定方法介绍给西方学界的同时，同时也吸纳了许多西方艺术史的经典理论，王妙莲女士作为此领域的专家，在写作与翻译的过程中都担当了融通中西的桥梁。本书在跨文化的语境中展示了中国传统的鉴定方法，并通过经典案例总结归纳出一套方法论，使中国书画鉴定的研究进一步科学系统化。如方闻所言：“他们结合了中西学界对这个课题最好的研究方法。”

由于中文原稿的佚失，本书今由赵硕译为中文，由上海书画出版社重新出版，距其初版面世已近五十年矣。众所期待的中文版的到来，使国内读者能够更直观地阅读和了解这部鉴定史上的重要著作，更使这部关于中国书画鉴定的研究回归母语，达到了真正意义上的完满收官。

馆事

书中提到的，只是各个名家馆藏品的一部分，如果你对这些艺术家和他们的作品有兴趣，不妨循着这里的信息，到各个名家馆走走看看。

1	2	3	4	
5	6	7	8	9
10	11	12	13	14
15	16			
17	18			
19	20			
21	22			
23	24			
	25			

① 吴昌硕纪念馆
浙江安吉县安吉大道 2 号

② 徐悲鸿纪念馆
北京新街口北大街 53 号

③ 潘天寿纪念馆
浙江杭州南山路 212 号

④ 齐白石纪念馆
湖南湘潭白马湖

⑤ 黄宾虹纪念馆
浙江杭州孤山浙江省博物馆书画部

⑥ 张大千纪念馆
四川内江大千路

⑦ 傅抱石纪念馆
江苏南京汉口西路 132 号

⑧ 朱屺瞻艺术馆
上海欧阳路 580 号

⑨ 李苦禅纪念馆
山东济南历下区大明湖路 271 号

⑩ 李可染艺术馆
江苏徐州广大北路 16 号

⑪ 林散之纪念馆
江苏南京江浦求雨山

⑫ 沙孟海书学院
浙江鄞州区东钱湖

⑬ 个簃艺术馆
江苏南通文峰路 7 号

⑭ 王雪涛纪念馆
山东济南历下区大明湖路 271 号

⑮ 吴茀之纪念馆
浙江浦江书画街 5 号

⑯ 郭味蕖美术馆
山东潍坊东风西街

⑰ 陆维钊书画院
浙江平湖大南门

⑱ 陆俨少艺术院
上海嘉定东大街 358 号

⑲ 何海霞美术馆
陕西西安书院门 104 号

⑳ 沈耀初美术馆
福建漳州乡城区市尾市美 135 号

㉑ 赖少其艺术馆
安徽合肥政务文化区石台路艺术公园内

㉒ 宋文治艺术馆
江苏太仓太平南路 38 号

㉓ 程十发艺术馆
上海松江区中山中路 458 号

㉔ 周昌谷艺术馆
浙江乐清中心公园

㉕ 君匋艺术院
浙江桐乡庆丰南路 59 号

馆 事

赖少其与非遗艺术

于在海

世界时刻在变，人民群众对公共文化的需求也在不停地发生变化，这也对作为公共文化服务机构的名家馆提出了新的挑战。各名家馆都在想方设法适应高速变化的社会节奏，勤练内功，取得了丰硕的成果。

古为今用　推陈出新
——赖少其非遗艺术传承及弘扬文献作品展
主办单位：合肥市赖少其艺术馆
时间地点：合肥市赖少其艺术馆（2023年5月18日—12月）
巢湖市文化馆（2023年7月20日—30日）
贵州美术馆（2023年10月12日—11月2日）
陆河县赖少其艺术馆（2023年12月15日—次年1月）

赖少其（右4）与夫人曾菲（左2）和参与人民大会堂安徽厅
布置的非遗匠人在铁画《岁寒三友》和砖雕《百花齐放》前留影

非物质文化遗产是一个国家和民族历史文化成就的重要标志，是优秀传统文化的重要组成部分。中国和安徽的众多非遗项目具有民族文化、传统艺术和地域特色的丰富内涵，体现了中华文明的发展历史和民族精神的独特标识。在安徽省非遗中心和芜湖、黄山、泾县等文博单位及赖少其亲属支持下，合肥市赖少其艺术馆多处挖掘文献史料和作品资源，策划“古为今用·推陈出新——赖少其非遗艺术传承及弘扬文献作品展”，出

展览海报

赖少其、师松龄、陶天月、林之耀合作《淮海煤城》，1974 年
赖少其艺术馆藏

装饰人民大会堂安徽厅的大型砖雕《五谷丰登》

手枕，赖少其书刻，1973 年

版专题文献作品集。展览还将赴西部贵州美术馆及基层巡展。

此展从芜湖铁画、徽派版画、徽州三雕、黄梅戏、宣纸、汉字书法、金石篆刻、竹刻、制扇技艺、岭南盆景、望江挑花、庐阳花布、楹联匾额 13 个非遗项目切入，着重反映和宣传赖少其注重非遗的传承和弘扬，古为今用，推陈出新，在多个艺术领域取得丰硕成果，具有专题性、史料性、学术性和推广性并重的特色。

作为艺术家的赖少其对非遗有着特殊情感，他重视和研究中国及安徽多方面非遗项目的文化特点，深刻领悟和逐步掌握非遗项目的各自特色、工艺结构及艺术精髓。同时，他更加注重非遗的传统继承、实际运用和艺术创新，结合形势、工作、布置或自身艺术表现的需要，他所组织或自身创作的铁画迎客松、大型砖雕、新徽派版画、书法、篆刻、盆景、扇面等大量多元化作品，展现出非遗的独特魅力、艺术神韵和时代价值，形成场厅布置、作品展示及赖少其艺术的多样性特色。

馆 事

凭风好行舟
——书画名家馆如何借用国家艺术基金平台进行传播

胡 平

国家艺术基金经国务院批准成立，与国家自然科学基金、国家社会科学基金并称为“国家三大基金”。平湖市陆维钊书画院发扬敢于首创、勇于开拓的工作精神积极申报国家艺术基金，在异常激烈的竞争中脱颖而出三次获得成功立项，为全国书画名家馆赢得美名，在全国县级文化单位中走在前列。

项目概述

“翰墨传承书法作品展”获得2017年度国家艺术基金立项资助。该项目在平湖、上海、北京、西安、杭州五座城市举办展览、研讨会、公益培训、专题讲座等活动。人民网、新华网、中央电视台、中央人民广播电台、东方卫视、陕西电视台、美术报、雅昌艺术网等六十余家媒体及平台对项目相关活动进行报道。

“中国高等书法教育优秀成果日本展”获得2018年度国家艺术基金立项资助。该项目在日本东京举办展览、笔会及研讨会。活动受到华人华侨及日本书法爱好者的广泛好评，中文导报、日中商报、日本书法、人民网、美术报、《文化月刊》等媒体和平台宣传报道。中国驻日本大使馆官员也对活动给予积极评价。

“翰墨雅逸 青春华夏——当代中国大学生书法艺术海外巡展”获得2023年度国家艺术基金立项资助。该项目将于2023年8月、2024年4月分别在新加坡和法国实施，举办展览、笔会、讲座、交流等活动，同时出版作品集。

申报策略

（一）创意突出独特性

项目策划之前应当对藏品资源谙熟于心，

不仅对本单位的藏品有十分清晰的认识，对可以借用的外来藏品也要有所了解，然后明确大致方向，准备利用哪些藏品做项目，再进一步梳理这些藏品的内在联系——内容上有无相似之处？形式上有无逻辑联系？风格流派上有无渊源？作者身份上有无师承关系等等。

进入创意构思阶段，首先要研究背景——当下时代背景如何？政策导向如何？都值得深度研究。只有符合主流意识形态要求的项目才可能进入资助范围。继而开始“烧脑”——根据藏品资源信息寻找、挖掘出一条富有内在联系的脉络。通常这条脉络不会自然清晰。它可能隐匿在藏品背后深处，而藏品却近在眼前。提炼这条脉络可能要三番五次竖立、推翻、再竖，正所谓在否定中前进、在质疑中上升。无论怎么颠覆、修改、调整却要始终坚持“追求新意”，也就是独特性。没有新意就没有竞争力。新意主要落实在主题上，也就是项目的灵魂是否独具特色，是否有别于他人。

至于主题先行再配菜还是上菜之后挖主题，笔者认为不能一概而论。在实践中，意想不到的情况都可能跳出来打乱之前的得意想法，因此要随机应变。

陆维钊书画院收藏了较多现当代书画名家和青年作者的作品。我们注意到很多作者之间均有师承关系，而且一些书法作品的风格流派也较为统一。再进一步梳理，我们发现这些作者都和中国现代高等书法教育有联系，而且他们之间的辈分序列又完整清晰，也就是说，他们足以代表中国现代高等书法教育的代际传承关系。于是，一条清晰的脉络就这么显现并确定下来。我们要做的这个项目核心之处要突出“传承”。

1960 年代，浙江美术学院潘天寿、陆维钊等先生以国家使命为己任，以敢为人先的魄力和百折不挠的精神开创出中国现代高等书法教育之路。从本科教育到研究生教育，老一辈艺术大家们呕心沥血、披荆斩棘，奠定了书法在高等院校系统化传承的坚实基础。而后，高等书法教育如雨后春笋般发展壮大。陆维钊书画院自 1995 年建成开院以来，一直以传承老一辈艺术大家的精神风范、艺术风采为己任，在弘扬中华优秀传统文化方面多有实践并取得不俗成绩。特别是近几年，书画院以高端合作为契机、以作品典藏为根本，通过展事活动等形式持续增加藏品资源，在全国高教界、书法界等领域提升知名度、扩大影响力，助推优秀传统文化代际传承，也让老一辈艺术大家的崇高人格形象一次次得以传播。“翰墨传承书法作品展”实则为又一次让藏品活化的传承实践。该展涵盖老中青四代书家和学生的书法作品，具有很强的代表性。展览穿插文献资料，把我国现代高等书法教育半个多世纪的历史脉络呈现出来，书法教育的传承关系凸显出来。

（二）论证突出针对性

项目论证是申报工作的另一个基础。在上阶段获得了满意的创意构思之后，在申报之时要将该项目的内容概述清楚、价值提炼完整、意义阐释深刻，也就是要把观念性的想法通过文字呈现出来供评委审阅。这个阶段要寻找出项目与目标受众的内在联系，要回答“为什么要在该地实施？”“目标受众是谁？”等问题。要突出围绕“针对性”来论证。陆维钊书画院实施的“中国高等书法教育优秀成果日本展”紧紧围绕“文化传承的危机感和紧迫性”有针对性地论证。

日本凭借强大的“包容性”勇于接受外来文化并改造发展出归属于自己的“传统文化”。千百年来，一些原本属于中国的文化变身为日本原创。茶道、空手道、花道、“汉方”等在国际上大放异彩，殊不知他们背后都有中国文化的渊源。而脱胎于中国书法的日本书道不仅让欧美观众大加赞赏甚至开始影响中国当代书家的创作标准。长此以往，势必会让千年国粹艺术魅力在“书道标准”面前黯然失色，也必然会削弱书法所代表的文化软实力。“中国高等书法教育优秀成果日本展”所展出的优秀青年书家作品是秉持书法传统之规范的上乘之作，在日本展出可以达到正本清源的作用。当然，展览本身也是艺术传播、文化交流的形式能够促进两国民间良好交往。

实施策略

（一）实施突出完整性

国家艺术基金对项目实施有相关要求和规定。一般来说，实施过程要严格按照申报的内容和步骤进行，实际实施的内容比起所报内容可多不可少。“翰墨传承书法作品展”申报为四地巡展，实际上在巡展之前增加了平湖一站举办启动仪式。所增加的这一站也获得较多媒体关注和采访报道赢得较好反响。在结项之后该项目又在两个地方展出收获良好口碑。

（二）宣传突出广泛性

项目成功与否跟宣传报道有重要关系。光做不说等于白做。国家艺术基金在结项时也对媒体宣传有要求。因此，项目实施前应当制定宣传计划，准备相关材料供媒体参考，还应该抓住机会主动策划宣传。“翰墨传承书法作品展”在北京巡展时除了常规报道外，项目相关工作人员还受邀前往中央人民广播电台接受专题访谈，畅聊项目的同时还着重介绍了陆维钊等老一辈艺术大家的故事。

书画名家馆都有独家资源优势——各自馆主自身的名声优势是其他艺术机构和文化单位没有的；名家馆所藏馆主作品比之其他机构所藏作品也具有唯一性；各馆多年的工作实践积累的宝贵经验和其他资源也是独一无二的。综合这些优势书画名家馆大有可为。

展览简讯

吴昌硕纪念馆

为促进省际文化交流，推动长三角文化一体化高质量发展，2023 年 7 月 12 日至 8 月 12 日，吴昌硕纪念馆举办了“艺海撷珍·书画江南明清及近代名家书画精品展”。该展览是吴昌硕纪念馆联合江苏省江海画精品。展览分为“海上之风”“金石之家”“庙堂之高”“江湖之远”四个单元，从幅式上分，有挂轴、扇面、册页三类，以挂轴为主，尺幅普遍较大，条幅较多。在这些书画精品中，既有吴昌硕、胡公寿、蒲华、任伯年、王个簃等海派大家的作品，又有杨岘、谢庸、李瑞清、郑文焯等金石大家的作品；有潘祖荫、刘春霖、朱汝珍、商衍鎏、张启后等庙堂之高的作品，也有恽寿平、钱与龄、董婉贞、孙鸣球等江湖之远的作品。

这批展品全部为二、三级文物，艺术价值高，涵盖的历史时期长，体系完整，展示了明清及近代江南地区各阶层金石书画的艺术追求和传承，以及海上画派的渊源和艺术魅力。

2023 年 4 月 28 日由西泠印社和湖州市委宣传部联合主办的“人生只合住湖州——西泠印社湖州籍社员主题创作展”第二站在吴昌硕纪念馆开展。

展览梳理了西泠印社与湖州的深厚渊源，近代艺坛巨匠、湖州安吉吴昌硕出任第一任社长，沈尹默、谭建丞、诸乐三、费新我、诸涵等为西泠印社保存具有传统文人气质的文化形态作出了积极贡献。现今西泠印社湖州籍社员吴民先、汤兆基、曹锦炎等 12 人均为精擅篆刻、书画、鉴藏、文史、诗词的卓然名家。共展出迎亚运、共富共美、人文湖州主题的书法、篆刻、绘画作品 80 件（套）。这些作品，或气势磅礴或文雅细腻或灵秀隽美，饱含着艺术家们对家乡的诚挚的热爱，流露出浓浓的桑梓情怀。

展览期间进行了展览导览和篆刻教学讲座等公共教育活动。

徐悲鸿纪念馆

2023 年 5 月 12 日，“灿若朝霞——徐悲鸿南洋之路”展览在徐悲鸿纪念馆四层正式开展。

此次展览共展出 70 余件徐悲鸿在南洋期间创作作品，围绕画中人物故事推进，引领观者走进那段波澜壮阔的历史，揭开 20 世纪 30—40 年代徐悲鸿精彩的南洋往事。

20 世纪上半叶中国艺术步入现代之时，徐悲鸿无疑是举足轻重的关键人物，他是中国艺术的先锋领袖，不仅画艺精湛，更是一位敏感正直的艺术家，不仅作品内容与多舛的国家命运紧密相连，更在国家遭受战火侵略之时奔走四处筹赈办展。他将自己的艺术与对国家民族的责任结合在一起，把绘画艺术的社会功能发挥到极致，树立了一代大师的光辉典范。

2023 年，是徐悲鸿纪念馆馆长廖静文一百周年诞辰、徐悲鸿逝世 70 周年的纪念。9 月 26 日，“一生守护——纪念廖静文诞辰 100 周年暨徐悲鸿逝世 70 周年展览”在徐悲鸿纪念馆四层展厅隆重开幕。

本次展览集中展出了徐悲鸿先生和廖静文馆长珍贵的生平照片百余幅，同时第一次集中展出徐悲鸿先生专为廖静文馆长所绘的肖像画 10 余幅、徐悲鸿先生题写“静文爱妻保存”的心血力作 40 余幅，题材囊括了人物、动物、风景、花卉等。展览通过二人的生平留影、生前遗物、美术作品等，全方位地展示了两个伟大的灵魂从相识到相恋最终相守的传奇一生，也梳理了他们对文化传承和发展做出的巨大贡献。希望观众在观展过程中，既能欣赏画作之美，也能在他们的故事中获得人世间最纯真的一份感动。

潘天寿纪念馆

2022 年是 20 世纪中国画大师潘天寿先生诞辰 125 周年。11 月 18 日至 19 日，由中国美术家协会、中国美术学院主办，中国美术学院潘天寿纪念馆和中国画学研究所承办的潘天寿诞辰 125 周年系列学术活动在中国美术学院举行。活动包括“潘天寿笔墨与构图研究展”和“中国画分科教学 60 周年学术论坛”两部分。

中国美术学院党委书记金一斌宣布“潘天寿诞辰 125 周年系列学术活动”开幕，中国美术学院学术委员会主任许江，中国美协分党组书记、驻会副主席、秘书长马锋辉在“中国画分科教学 60 周年学术论坛”研讨会上作专题讲话。中央美术学院原院长、潘天寿先生家属潘公凯，中国美院副院长沈浩，中央美术学院教授、著名花鸟画家、潘天寿先生的学生张立辰，中国美院中国画与书法艺术学院院长张捷在“潘天寿笔墨与构图研究展”开幕式致辞。中国美院原党委书记毛雪非，原党委副书记胡钟华，原副院长孟云生，中国美院教授朱颖人、卢炘，浙江省美协、浙江画院、中国美院各职能部门负责人等出席展览开幕式。

当日下午及 19 日举办“中国画分科教学 60 周年学术论坛”，以纪念潘天寿先生在中国画教学上的重要成就。

2023 年 10 月 12 日，由中国美术学院潘天寿纪念馆主办的“风清骨峻——吴永良中国画笔墨传习展”开幕活动在中国美术学院举行。本次活动包括“风清骨峻——吴永良中国画笔墨传习展”开幕仪式与学术研讨会两个部分。

中国美术学院党委书记金一斌，中国美术学院中国画学院党委书记兼副院长韩璐，中国美术学院中国画学院副院长盛天晔，杭州画院专职画师、吴永良先生家属吴洪晖在“风清骨峻——吴永良中国画笔墨传习展”开幕式致辞，中央美术学院原院长潘公凯在“吴永良中国画笔墨传习展”学术研讨会上做专题讲话。浙江省政协原副主席张蔚文，浙江省政协原副主席、诗书画之友社理事长孙文友，中国美术学院副院长傅巧玲，浙江省文联党组成员、书记处书记童颖骏，中国美术学院原党委书记毛雪非、原副院长高法根、原党委副书记胡钟华、原副院长孟云生，中国美院教授马其宽、徐家昌、章利国等，以及全国各地的专家学者、在杭美术界嘉宾等出席展览开幕。

当天下午，举办“吴永良中国画笔墨传习展”学术研讨会，以纪念吴永良先生在中国画教学上的重要成就。展览将持续至 11 月 12 日。

齐白石纪念馆

2023 年 1 月 13 日，由湖南省文化和旅游厅指导，湘潭市文化旅游广电体育局主办，齐白石纪念馆 / 美术馆承办的“时代荣光——湖南省第四届城市画院作品联展”，在一代艺术巨匠齐白石故里开幕，旨在推出一批讴歌党、讴歌祖国、讴歌人民，具有湖湘精神、湖湘气派、湖湘特色的优秀书画作品，集中展示全省书画艺术创作的丰硕成果。

李苦禅纪念馆

济南的趵突泉自 2003 年 9 月 6 日复涌至今已连续喷涌二十年了。为纪念泉城济南这一重要生态文明建设成果，第一泉风景区于 2023 年 9 月 6 日至 10 月 6 日在李苦禅纪念馆的木瓜院举办“泉水流长 翰墨飘香——庆祝趵突泉复涌二十周年中国当代书画名家邀请展”。

展览邀请张仲亭、赵先闻、张志民、朱全增、南海岩、王焕波、崔寒柏、刘俊京、陈忠洲、倪和军等共 67 位国内知名书画家，围绕济南泉水主题进行创作，分两期共展出作品一百幅。

李可染艺术馆

由徐州市文学艺术界联合会、李可染艺术馆主办，徐州市美术家协会协办的“格物文心——2023 全国中国画名家扇面精品邀请展”，10 月 8 日下午在李可染艺术馆开幕。

本次展览，共展出活跃于全国艺坛画家扇面精品佳作百余幅，涉及山水、花鸟、人物多种题材，风格迥异。或用笔凝练，朴拙隽秀；或雅淡生趣，灵动飘逸；或装饰重彩，轻勾细染。全国多路高手汇集，题材的多样，整体的革新，让观者耳目一新。

林散之纪念馆

2023 年是高二适先生诞辰 120 周年，为进一步展现高二适先生的人品学养与艺术成就，持续厚植书法文化底蕴、传承弘扬书法文化，6 月 3 日上午，由中国美术馆、中国书法家协会、中共江苏省委宣传部、江苏省文化和旅游厅、江苏省文学艺术界联合会、中共南京市委宣传部共同主办，中共南京市浦口区委员会、南京市浦口区人民政府、江苏省美术馆联合承办，求雨山文化名人馆执行承办的“高山仰止——纪念高二适诞辰 120 周年书法展”在江苏省美术馆隆重拉开帷幕。

本次展览重点展出了高二适先生的古帖临作、手札批注、交游书信等代表性作品近 160 件，展览从“适吾所适”“入古出新”“文人风骨”三个篇章，分别展示了他在艺术研究、文学造化、文士交游方面的发展脉络，全面呈现了高二适先生精湛的书道技艺和高尚的德艺精神，不仅为观众奉上一场书法盛宴，也对当前文化艺术的传承与创新有所启迪。

2023 年 9 月 28 日，由中国文学艺术界联合会、中国国家博物馆主办，中国艺术研究院、中国美术馆、中国国家画院、国家京剧院等 14 家文艺界单位协办，中国文学艺术基金会、百年巨匠（北京）文化传播有限公司承办的“百年巨匠 · 百年史诗——百位大师风采特展”开幕式在中国国家博物馆举行。

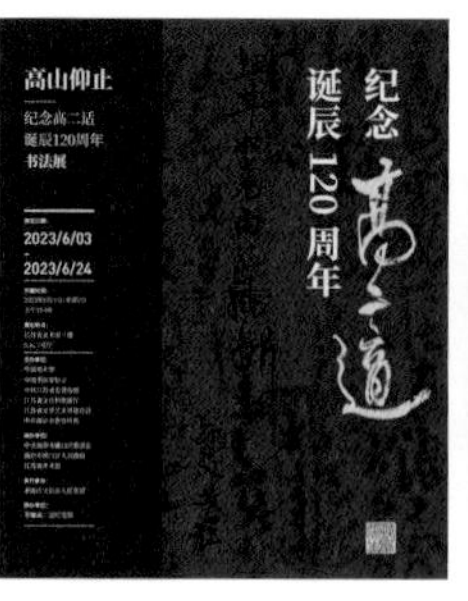

个簃艺术馆

2023 年 11 月 17 日，由中共南通市委宣传部、南通市文化广电和旅游局、南通市文学艺术界联合会、上海市松江区文化和旅游局、浙江省安吉县文化和广电旅游体育局、中国书画名家馆联会主办，南通市个簃艺术馆承办，南通美术馆、吴昌硕纪念馆、程十发艺术馆协办的“金石传声——吴昌硕、王个簃、程十发师生三代作品展暨《吴昌硕、王个簃、程十发作品集》《王个簃书法篆刻研究》首发式”开幕式在南通美术馆举行。

此展由南通市个簃艺术馆馆长施娟策展，荣获“江苏省文化和旅游厅 2023 年江苏省青年美术馆策展人扶持计划入选项目”。适逢吴昌硕担任西泠印社首任社长 110 周年之际，在王个簃先生的家乡南通举办吴昌硕、王个簃和程十发三位海上巨擘的联展，既有嘤鸣求友，衣钵相传之义，更具有推动海派绘画、中国美术南通现象与中国近现代艺术研究的十分重要的学术史意义。

开幕式由市文广旅局党组成员、副局长冯莹主持，有市文广旅局党组书记、局长毛炜峰，中国书法院院长管峻，中美协副主席周京新致辞，策展人施娟介绍展览筹备情况，王个簃长孙、著名画家王葵讲话等多项议程，出席开幕式的领导、嘉宾及书画艺术界代表 200 余人。随后，于南通美术馆多功能厅举办学术研讨会。研讨会由中国书法院院长管峻担任学术主持，中美协副主席周京新、吴昌硕纪念馆馆长吴建华、程十发艺术馆副馆长陈浩、个簃艺术馆名誉馆长施作雄及吴昌硕、王个簃、程十发后裔等专家学者 16 人发言，书画界代表百余人出席。

王雪涛纪念馆

2022 年 1 月 20 日至 2 月 6 日，王雪涛纪念馆举办“吴泽浩二十四节气迎春书画展”。

“二十四节气”作为民俗项目于 2016 年被列入联合国教科文组织人类非物质文化遗产名录。在流传至今的众多诗词文学作品中，有很多取材于二十四节气，让我们可以感受季节之美、生活之美，同时也可以体会诗人对大自然变化的人文情怀。

郭味蕖美术馆

2023 年 10 月 22 日，“天开混沌由文字，人扩灵明亦在兹——金石学家陈介祺（簠斋）先生诞辰 210 周年纪念特展”在郭味蕖美术馆隆重开展。中国书法家协会名誉主席苏士澍、中国美院博士生导师孙慰祖、《中国书法》杂志社社长兼主编朱培尔、中国艺术研究院美术研究所研究员陆明君，以及来自全国和日本、韩国的出席陈介祺学术思想与金石文字研究国际学术研讨会的专家学者与广大金石爱好者莅馆参观。

本次纪念特展由潍坊市人民政府、西泠印社、山东省书法家协会、山东印社共同主办，由陈介祺七世长孙陈进先生和郭味蕖美术馆馆长郭远航先生联合担纲策展，共展出陈介祺的书法、拓片、各家考释、《十钟山房印举》的不同版本、万印的收支账册、著作手稿、簠斋尺牍、封泥、陶拓，以及簠斋所藏青铜器的早期照片等四十余件（类），几乎全部为陈家递藏珍品的首次面世，受到了观者的一致好评。

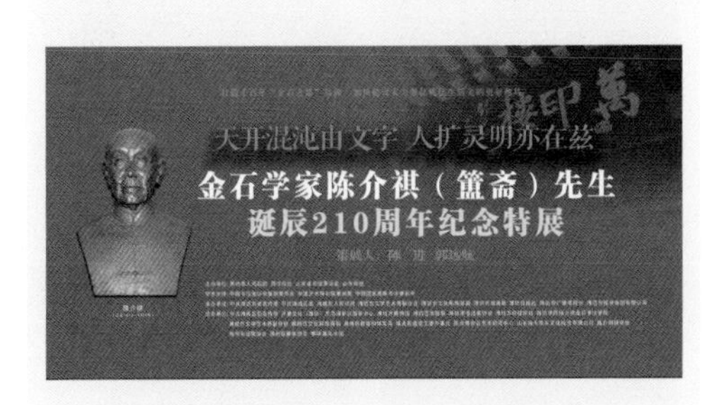

此次展览是继两次举办郭味蕖藏陈介祺文物文献展之后的又一次重要学术活动，必将对推动潍坊“金石之都”文化建设产生深远影响。

陆维钊书画院

2023 年 8 月 19 日，平湖市陆维钊书画院主办的国家艺术基金 2023 年度资助项目“翰墨雅逸 青春华夏——当代中国大学生书法艺术海外巡展”（新加坡站）开幕。

本次展览共展出大学生书法篆刻作品 60 件，是从 2015-2021 年间四届中国高等书法教育成果展优秀作品中遴选而来。作品的文字所蕴含的思想体现了中国人的智慧、折射出中国人的价值观念、反映了中国人的审美取向。

本项目是陆维钊书画院第三次获得国家艺术基金立项资助。在新加坡实施期间，除了举办展览，还出版作品集、举办研讨会兼笔会一次、专题讲座两场、专家导览两次，还将制作专题视频资料永久保存。在新期间，项目组成员还参访了当地书法传播机构、拜访了与平湖名人有关联的艺术收藏机构等，增加了相互了解，促进了中新民间交流。

陆俨少艺术院

2023 年 7 月 15 日—10 月 8 日，陆俨少艺术院推出“草堂传灯——冯超然绘画艺术及余脉传承特展”，对于 20 世纪前期海派绘画发展史中具有代表性的艺术家冯超然从不同的维度进行了精彩的挖掘、回顾、呈现，以期让观众能够通过其艺术及其影响对海派绘画的整体发展脉络有所把握。

沈耀初美术馆、个簃艺术馆

在全市上下深入学习贯彻党的二十大精神之际，由南通市文化广电和旅游局、中国书画名家馆联会、诏安县人民政府主办，南通博物苑、诏安县文化体育和旅游局、南通市个簃艺术馆、沈耀初美术馆承办的“我的中国心——沈耀初画展”于2022年11月15日在南通博物苑顺利拉开帷幕。

此次展览共展出沈耀初作品40余幅，充分体现其“大写意”之正格，“重、大、拙、厚、迟”的笔墨风格，刚健而率性，扎实而饱满，丰硕而有力度，稳沉而耐久，表现了万里河山所孕育的中国精神。画展开展的同时，在南通市文联召开了“王个簃与沈耀初艺术研讨会”。

赖少其艺术馆

2023年，合肥市赖少其艺术馆策划的“古为今用·推陈出新——赖少其非遗艺术传承及弘扬文献作品展”于5月至10月展出，配套展览出版了专题学术画册并赴多地巡展。

为纪念新徽派版画名家，研究和弘扬新徽派版画艺术，提高版画创作水平，赖少其艺术馆深入挖掘和梳理新徽派版画名家作品及文献，策划并实施了“新徽派版画名家纪念系列展”，先后陆续举办赖少其、周芜、陶天月、宇夫、易振生等版画名家回顾展及研讨会，回顾他们的美学理念和创作历程，展示他们艺术创作的丰富内涵和突出成就，以及对中国新兴版画及安徽美术事业发展做出的重要贡献。

宋文治艺术馆

2023年5月25日至2023年6月21日，“从长安到江南——陕西汉唐石刻拓本展”由宋文治艺术馆（太仓名人馆）和陕西汉唐石刻博物馆联合主办，展出珍贵石刻拓本80余件（组），继承前人金石学研究基础，是长安与江南跨越两个世纪的再次交流和共鉴，以碑帖拓本还原石刻蕴藏的历史和艺术，为传播文化、临习书法和金石学研究提供重要媒介。

2023年7月14日上午，由太仓市文体广电和旅游局、中山市文化广电旅游局共同主办，宋文治艺术馆（太仓名人馆）、中山美术馆承办的“与古为新——新娄东画派山水画作品展”在中山美术馆开展。本次展览共展出17位艺术家的山水画作品90件，展览见证了“新娄东画派”画家多年来的创作成果，同时记录了“新娄东画派”的发展与流变，画家在传统绘画的基础上，不断进行开拓性的艺术尝试，取得了丰硕的创作成果。

展览开幕当天举行了作品捐赠仪式，参展艺术家蔡萌萌、王斌将个人书画作品《苍岭红叶染秋深》《曾经的家山》捐赠与中山美术馆收藏，中山美术馆馆长肖伟代表中山美术馆接受捐赠，并为两位艺术家颁发了收藏证书。

捐赠仪式后，太仓、中山两地艺术家共同参加了交流座谈会，座谈会由中山美术馆馆长肖伟主持。

程十发艺术馆

2023 年 1 月 12 日至 2 月 19 日，由程十发艺术馆策划主办，上海中国画院支持的“云间流音——程十发藏清代山水画研究展”在程十发艺术馆展出。

本次收藏研究展旨在以程十发旧藏清人山水画为脉络，以董其昌绘画理念为线索，枚举清初“四王”“四僧”及清中期“扬州八怪”为研究个案，还原清代画家群体在绘画创作理念与地域文化建构上的关联性。在展览立意上呼应了 2021 年的“重回松江——程十发藏元代山水画研究展”和 2022 年的“松江清远——程十发藏明代山水画研究展”。

2023 年 5 月 30 日至 7 月 30 日，由程十发艺术馆主办，上海中国画院支持的“千家万法镕成我——程十发山水画研究展”在上海程十发艺术馆展出，这是该馆近年来策划的“江南山水”系列展项之一，展览从程十发不同时期山水画中选取了五个主题，借以阐释其山水画守正创新的渊源与变革。

2023 年 9 月 26 日至 11 月 26 日，由程十发艺术馆主办，金山区博物馆、白蕉艺术馆支持的“云深处——白蕉书画作品展”在上海程十发艺术馆开展，展出白蕉 30 件书画精品。馆方精选各时期白蕉自作诗手稿、绘画、书法作品和文献资料进行布局与演绎，并以此为依托，钩沉白蕉与同时期海派书画家的交游和唱咏，同时梳理白蕉与 20 世纪初、中期松江风雅名士的期会与谈兴。

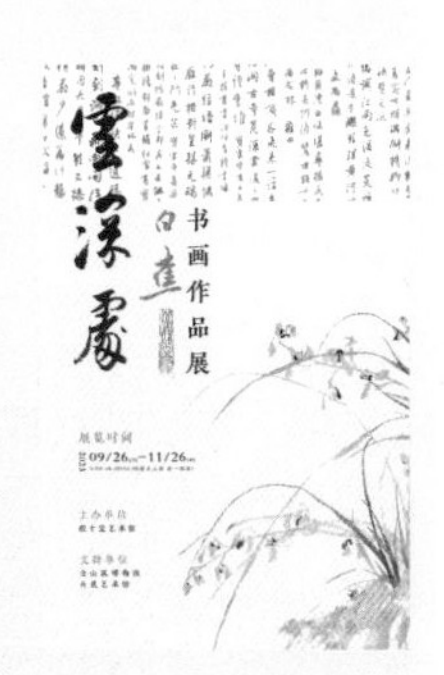

君匋艺术院

“文化和艺术，是民族的，也是世界的。”6 月 28 日，大美钱江——杭州钱江国际美术展巡展（桐乡站）学术座谈会在君匋艺术院举行。共展出 11 位杭州钱江美术馆（特聘）艺术家和部分国外艺术家作品 55 件，涵盖中国画、油画、装置拼贴、书法等多种艺术形式。

李震坚艺术馆

2022 年 8 月 15 日至 8 月 28 日，由中国美术学院、浙江美术馆指导，缙云县人民政府主办的“鼎湖烟雨——纪念李震坚诞辰一百周年师生作品展”在李震坚艺术馆展出。

2022 年是先生诞辰一百周年，百年佳话传唱，师者万古流芳，本次展览从先生家属捐赠给家乡缙云的 104 幅作品中精选出 30 幅佳作，又从浙江省美术馆借展师生精品 35 幅，作品包含人物画创作、水墨人体、山水、花鸟、书法和速写，系统展示了李震坚深厚的书画造诣、艺报故乡的赤子情怀，体现了其在艺术教育战线上的突出贡献和在中国画现代化方面的深远影响及崇高声望。

图书在版编目（CIP）数据

名家. 齐白石、王雪涛、郭味蕖 / 卢炘，杨振宇主编.
— 上海：上海书画出版社，2023.11
ISBN 978-7-5479-3246-9

Ⅰ. ①名… Ⅱ. ①卢… ②杨… Ⅲ. ①齐白石（1863-1957）—人物研究②王雪涛（1903-1982）—人物研究③郭味蕖（1910-1971）—人物研究 Ⅳ. ①K825.72

中国国家版本馆CIP数据核字（2023）第224768号

名家：齐白石·王雪涛·郭味蕖

卢　炘　杨振宇　主编

责任编辑　黄坤峰　凌云之君
审　　读　陈家红
封面设计　刘　蕾
技术编辑　包赛明

出版发行　上海世纪出版集团
　　　　　上海书画出版社
地　　址　上海市闵行区号景路159弄A座4楼
邮政编码　201101
网　　址　www.shshuhua.com
制　　版　上海久段文化发展有限公司
印　　刷　浙江海虹彩色印务有限公司
经　　销　各地新华书店
开　　本　889×1194　1/16
印　　张　12.5
版　　次　2023年12月第1版　2023年12月第1次印刷

书　　号　ISBN 978-7-5479-3246-9
定　　价　158.00元
若有印刷、装订质量问题，请与承印厂联系